『住職必携』正誤表

	【誤】	【正】
86頁3行目	後はブにつなぐ	後はダにつなぐ
91頁3行目	量《りょう》一。	量《りょう》一△
91頁7行目	明《みょう》一。	明《みょう》一△
101頁6行目	④行四句目下（荘厳有）	④行四句目下（荘厳無）
116頁6行目	行《ぎょう》	行《ぎょう》

真宗大谷派儀式作法

住職必携

大谷制以知

法藏館

まえがき

　私が真宗大谷派の式務部に定衆見習いとして入ったのは昭和六十三年春。その当時、鍵役には信行院殿、信明院殿、信悟院殿、宣心院殿、定衆には藤原暢信（光善寺）、九條成隆（妙安寺）、足利佐（真宗寺）、久末良純（照嚴寺）の各氏、堂衆には野間佳裕、川島浩、山田哲雄などの各氏、参衆には水野彰信、高堂隆雄などの各氏など錚々たる方々が在籍しておられました。

　そんな中に着物の着方と装束の付け方、声明の初歩しか知らないような私が飛び込んだのです。そのような私を手取り足取り教えて下さったのが藤原暢信先生です。藤原先生に最初に言われたのが「内陣に座るということは、何もかもわきまえているということですよ」ということと、「内陣に座るということは、全て一人でできるということです」という言葉です。人の助けを借りずに出退ができるということで、法要座次があるから出仕するのではなく、できなければ自ら身を引くということです。ただ資格があるから内陣に座っているような私にとって、汗顔の思いであり、そこから式務作法についての勉強が始まりました。

定衆についても「定衆は門首から御影堂御真影の鎰を預かっているのであり、その立場をわすれないように」と言われました。当時の鍵役、定衆、堂衆、参衆の間にはそれぞれの仕事に自負があり、良い緊張関係がありました。しかし、堂衆の山田先生が定衆部屋に来られ、藤原先生と声明の節符のことで議論されたり、また、七条の修多羅の補助紐の結び方を参衆の水野さんのところへ教えを請いに行ったりもしました。「定衆は内陣の責任者」という言葉を藤原先生にいただいていたので、登高座のある日中法要での和讃卓の数で議論したこともあります。

法要作法で、いつも頭の片隅に残っているのは、藤原先生の「理屈の通らない作法は作法ではない」という言葉です。人によって変わるのではなく、その法要の軽重で作法が決まるということです。登高座作法についても言えることです。そのころ式務部出仕であった近松暢誉先生（慧光寺）は「登高座作法には真行草がある」と言っておられました。人によって変わる作法を理論づけようとされていたようです。

真宗大谷派では、宗憲が改正されたにもかかわらず、儀式条例の中には旧令を引きずっているものもあります。まして儀式作法も同様です。旧来の本末関係から、真宗本廟と普通寺院とはお互いに独立した法人であり、その間を繋ぐものは真宗本廟を御崇敬護持する心です。その精神に則った儀式条例と法要作法の策定が急がれています。

住職必携——真宗大谷派儀式作法——

＊

目次

Ⅷ　参考資料……191

住職必携

——真宗大谷派儀式作法——

I

服装・装束・念珠

1 装束

1、内衣

①平日の内衣

色服（色物の着物）を用います。

糯袢も正式には色物を使い、白襟の物は使用しませんが、略式として襟・袖だけが色の物を使うこともあります。また、夏は半糯袢、冬は長糯袢を用います。

帯は色物の角帯、足袋は白色を用います。

色服は無地または細かい縦縞とされています。季節に応じて、色服の生地や、糯袢の襟などの生地を変えます。参考に一般の「着物季節表」を示すと、**表1**の通りです。

袖の長さは、間衣の袖から出ない程度、着丈は、くるぶしほどで、あまり長くも短くもならないようにします。

表1　着物季節表

	月	1	2	3	4	5	6	7	8	9	10	11	12
着物	正式	袷					単衣	絽・紗 上布・薄物		単衣	袷		
	略式	袷				単衣		絽・紗 上布・薄物		単衣	袷		
長襦袢地	正式	袷				単衣	絽 ├麻・レース┤			単衣	袷		
	略式	袷			単衣		絽 ├麻・レース┤			単衣	袷		
帯	正式	袷					単衣帯	夏帯(紗・絽) ├羅・麻┤		単衣帯	袷		
	略式	袷					夏帯(紗・絽) ├羅・麻┤			単衣帯	袷		
半襟	正式	塩瀬・縮緬				塩瀬 羽二重 絹縮	絽 ├麻┤			塩瀬 羽二重 絹縮	塩瀬・縮緬		
	略式	塩瀬・縮緬					絽 ├麻┤			塩瀬・縮緬			

※上記の衣替えは一応の目安です。
※女物を基本に作成したものです。

②御命日・法要時の内衣

白服（白衣＝白色の着物）を用います。

無地が正式です。「皆白」と言い、本来は襦袢など身に着ける物はすべて白色を使用するのですが、少なくとも下着の色が透けて見えないよう、また襟口や袖口から色物が見えないように配慮すべきです。

帯も白帯、足袋も白色を用います。

白服の生地、襦袢の長さや生地、襦袢の襟の生地は、先に提示した「着物季節表」を参考にします。

2、衣

衣は、本来は季節によって生地が変わることはありません。

間衣・黒衣の生地には紗、紋紗、絽、羽二重などがありますが、白衣が透けて見えることはあまり勧められることではないとされ、また内陣に出仕の場合は、紗は使用しないとされてきました。

色直綴・裳附の生地は、正式には精好地です。現在は、紗、紋紗、絽、羽二重などの物がありますが、この場合も、白衣がなるべく透けて見えないようにするべきです。

色については決まりがありますので、真宗大谷派法規「法臈法衣条例」などを参考にしてください。

①間　衣

道中で着るものです。

次節の袈裟の種類と合わせると、輪袈裟・畳袈裟と合わせて用います。

基本的に、間衣で御経を読むものではありません。また、間衣と墨袈裟というのも正式な用い方ではありません。

長さは、白衣の裾が九〜十五センチメートル見えるくらいです。正座する時は、前捌きはせず間衣を折り込むようにして座り、両膝が間衣で隠れるようにします。

②黒衣（直綴）

以前は黒衣と直綴は異なるものでした。黒衣は襞数が十二本、直綴は十本でしたが、現在は黒衣と直綴は同じものと考えられています。

袈裟の墨袈裟、青袈裟、五条と共に用いますが、場合によっては輪袈裟・畳袈裟と共に用いることもあります。

③色直綴（道服）

以前は襞の数によって名称が異なりました。襞数十本の物を色直綴、十二本の物を道服と呼びましたが、現在は道服という呼び名はあまり使われることはありません。

黒衣よりも重く、裳附よりも軽く扱います。袈裟の五条と共に使用します。

④裳　附

重い法要の時に使用します。

正式には差貫と一緒に使用するものですが、差貫を略する場合もあります。

袈裟の五条と共に使用します。

色にも制限がありますので、「法臈法衣条例」などを参照してください。また、裳附には黒色はなく、白もしくは色物ですから、「色裳附」という言葉は使用しません。

⑤袍裳（法服）

一番重い正装です。御遠忌や落慶法要など重い法要の時に衣用しますが、身近な法要でいうと葬儀の導師の衣体です。

七条・表袴と共に使用します。近年は、袍裳を略して裳附または色直綴を使用する場合もあります。

色、生地に制限があり、七条・表袴にも制限がありますので、「法臘法衣条例」などを参照してください。

3、架裟

①輪袈裟

間衣の時に使用します。時に、黒衣（直綴）と共に使用する場合もあります。生地や紋に制限がありますので、「法臘法衣条例」などを参照してください。

②畳袈裟

基本的には輪袈裟と同じです。法要座次などによって威儀が白《しろ》や倶《とも》（生地と同じ）になります。

③墨袈裟

黒衣（直綴）と共に使用しますが、墨袈裟で内陣に出仕することはありません。

④青袈裟

晨朝袈裟とも呼ばれますから、晨朝に使用するものと思いがちですが、「内陣出仕者の墨袈裟」と考えるべきで、軽い法要の際に使用します。

威儀は白と倶があり、法要座次が上座以上は倶となります。

⑤五条袈裟

黒衣（直綴）、色直綴（道服）、裳附と共に使用します。

紋や色に制限がありますので、「法臈法衣条例」などを参照してください。

本来は季節によって生地が変わるということはありません。近年は夏物などがありますが、華美とならないように気をつけます。

⑥七条袈裟

袍裳（法服）と共に使用します。近年は略して、色直綴（道服）、裳附と使用することもあります。

本来は生地に季節はなく、生地は金入り、四天も別生地と限られ、無金、四天倶生地は昔から違法とされています。

また、風景や天女、龍、鳳凰などが絵画のように見られるものは、七条の本来の意味から外れるものと言われます。四天の紋にも制限がありますので、注意します。

七条袈裟の際に使用する修多羅に色の制限はありませんが、金色とか二色にすることは、これも昔から違法とされています。

2 念珠・中啓

1、念　珠

①小念珠

一重または二重の略念珠です。

通常、間衣・輪袈裟または畳袈裟の時に使用します。

特殊な使用例としては、座支配など法要の裏方を勤める場合、中啓・半装束念珠などは使用せず、小念珠を袂に入れておき、総礼合掌などの時に使用します。

②木念珠（安静形）

黒衣（直綴）・墨袈裟の際に使用します。

③木念珠（長房）

黒衣（直綴）・青袈裟の時に使用します。

また、古来は黒衣（直綴）の際は木念珠（長房）となっていましたから、黒衣（直綴）・五条の時にも使用します。

④半装束念珠

色直綴、裳附の時に使用します。

古来は、色のついた衣の際は半装束念珠とされていました。

⑤本装束念珠

七条袈裟の時に使用します。

また、登高座の際は、本来は七条袈裟ですべきところを現在は裳附・五条で行うのですから、念珠だけは本装束念珠を使用します。

2、中啓・桧扇

①金銀や絵模様の中啓

白衣の時に使用するものです。黒衣（直綴）青袈裟、黒衣（直綴）五条、色直綴五条、裳附五条の時に使用します。

②鈍色の中啓

葬儀の際に、喪主などが依用する鈍色裳附五条指貫を着た場合にのみ使用します。

③桧　扇

袍裳七条袈裟の時に使用します。扱いは中啓と違い、落としたりせず静かに置きます。

十一枚仕立てから三十枚仕立てなどがあります。

※定例法要装束

普通寺院の「定例法要装束」の概略を示すと、表2のような装束となります。これはあくまで基本であり、住職の見識として基本をもとに定めるべきです。

表2　定例法要装束

法要種別			内陣			外陣		
平日	晨朝	△	直綴	青袈裟	×	直綴	墨袈裟	×
前住上人御命日	逮夜	○	直綴	五条		直綴	五条	
	晨朝	○	直綴	五条		直綴	五条	
	日中	○	直綴	五条		直綴	五条	
蓮如上人御命日	晨朝	○	直綴	五条		直綴	五条	
宗祖聖人御命日	逮夜	○	色直綴	五条		色直綴	五条	
	晨朝	○	直綴	五条		直綴	五条	
	日中	○	裳附	五条		裳附	五条	
修正会　元旦	晨朝	○	裳附	五条		裳附	五条	
二日・三日	晨朝	○	色直綴	五条		色直綴	五条	
四日・五日	晨朝	○	直綴	五条		直綴	五条	
前住上人御祥月	逮夜	○	色直綴	五条		色直綴	五条	
	晨朝	○	直綴	五条		直綴	五条	
	日中	○	裳附	五条		裳附	五条	

○印は白服　△印は色服　×印は中啓を持たない

蓮如上人御祥月	逮夜	○	色直綴	五条		色直綴	五条	
	晨朝	○	直綴	五条		直綴	五条	
	日中	○	裳附	五条		裳附	五条	
春秋彼岸会 初中結 初中結	晨朝	○	直綴	五条		直綴	五条	
	日中	○	直綴	五条		直綴	五条	
	晨朝	○	直綴	青袈裟		直綴	墨袈裟	×
盂蘭盆会	逮夜	○	直綴	五条		直綴	五条	
	晨朝	○	直綴	五条		直綴	五条	
	日中	○	直綴	五条		直綴	五条	
	昏時	○	直綴	青袈裟		直綴	墨袈裟	×
御正忌	逮夜	○	裳附	五条		裳附	五条	
	晨朝	○	裳附	五条		裳附	五条	
	日中	○	裳附	五条		裳附	五条	
歳末	昏時	○	直綴	青袈裟		直綴	墨袈裟	×
自坊前住職命日	逮夜	○	直綴	五条		直綴	五条	
	晨朝	○	直綴	五条		直綴	五条	
	日中	○	直綴	五条		直綴	五条	
同 祥月命日	逮夜	○	直綴	五条		直綴	五条	
	晨朝	○	直綴	五条		直綴	五条	
	日中	○	直綴	五条		直綴	五条	

自坊前坊守命日	逮夜	○	直綴	青袈裟		直綴	墨袈裟	×
	晨朝	○	直綴	青袈裟		直綴	墨袈裟	×
	日中	○	直綴	青袈裟		直綴	墨袈裟	×
同　祥月命日	逮夜	○	直綴	五条		直綴	五条	
	晨朝	○	直綴	五条		直綴	五条	
	日中	○	直綴	五条		直綴	五条	

Ⅱ　本堂内陣の荘厳

1　全体の構造

1、道場から本堂へ

真宗の本堂の始まりは、宗祖親鸞聖人の越後時代もしくは関東時代に求められます。親鸞聖人の教化が実を結び、親鸞聖人の庵に人が集まるようになり、また各地に道場のようなものができました。その時は、庵や道場の土壁に六字などの名号を掛けるだけの質素なものだったようです。

各地の道場が常設のものとなり、月に一回「二十五日のお念仏」と言って法然上人の御命日の二十五日に集まるようになると、六字などの名号を本尊とし、その前の地板に季節の花を供えるようになりました。その時の道場の様子は図1のようなものでした。

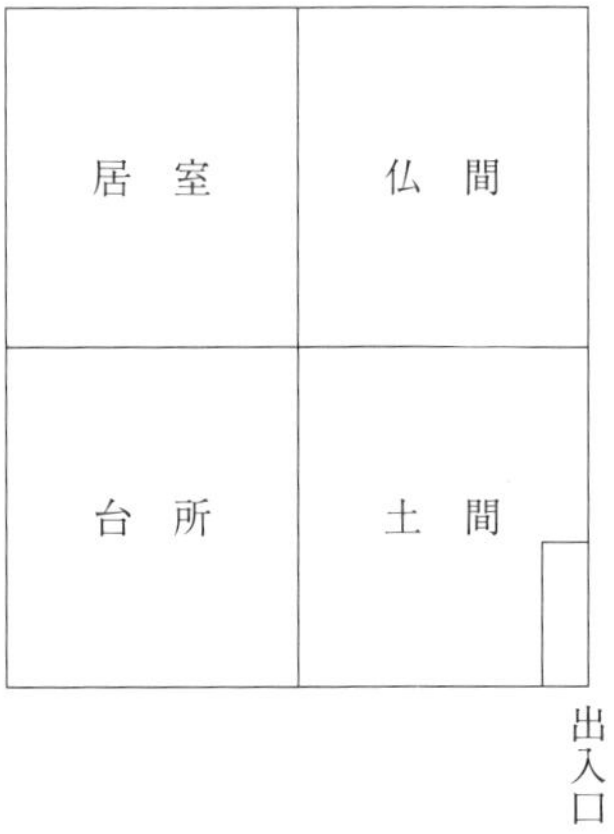

図1

この仏間が次第に独立した建物になり、本堂となっていくのです（図2・3）。当初は床の間のようなもの設け、六字などの名号を本尊として掛け、その前に簡素な卓を置き、季節の花を供えました。集まる人数が増える

法然上人
本　尊
親鸞聖人
参　詣　席

図2

法然上人
本　尊
親鸞聖人
内　陣
参　詣　席

図3

にしたがい、床の間が次第に高くなってきました。

親鸞聖人が亡くなった後、蓮如上人に世に出るまで、各地の道場がどのような様式であったか明確ではありません。蓮如上人が天台様式を改めて親鸞聖人の時代の真宗様式に改めて後、書院様式を取り入れて本尊前の机の荘厳を三具足にされたようです。

また、六字などの名号、光明本尊のほかに、追慕する親鸞聖人の絵像を求める道場も多くあらわれ、当初は本尊と親鸞聖人絵像を並列して掛けていましたが、次第に分けて掛けるようになっていきました。

蓮如上人が真宗門徒の行儀を正信偈・念仏・和讃に定められました。蓮如上人がいつ頃に内陣に入られたか明確ではありませんが、当初は蓮如上人の声明を聞くだけでした。吉崎時代になると参詣者も多くなり、それに伴ってご子息方に助音を許されるようになりました。

内陣出仕が許されるようになって、本尊が前に出てきて須弥壇・後門柱が設けられ、また掛ける軸も定められて、現在の様式になりました。さらには後代になって儀式が形式化するにしたがい、一般寺院の荘厳、出仕作法も定められてきました。

2、現在の本堂様式

多くの本堂の様式は、後堂、内陣、外陣、参詣席の四間に分かれています。そのうち後堂、内陣、外陣は僧分の仕事領域とされ、一般の方々はむやみに入る所ではないとされています。内陣は本間と余間に分かれ、本間は図4のように中央に本尊、参詣席から向かって右脇壇上に祖師、左脇壇上に御代となっています。余間も参詣席から向かって左脇壇上が太子七高僧、右脇壇上が法名となっています。以前は庫裡に近い余間が法名となっていましたが、近年は図4のような様式が勧められています。

余間の呼び方は、後堂から見て右側の余間を右余間、左側を左余間と呼びます。また真宗本廟にならって右余間を南余間、左余間を北余間とも呼びます。

なお一般寺院では、外陣と参詣席が区別のつかない所も多いと思われます。その場合は法要の時に僧侶が座る空間を外陣と考えます。

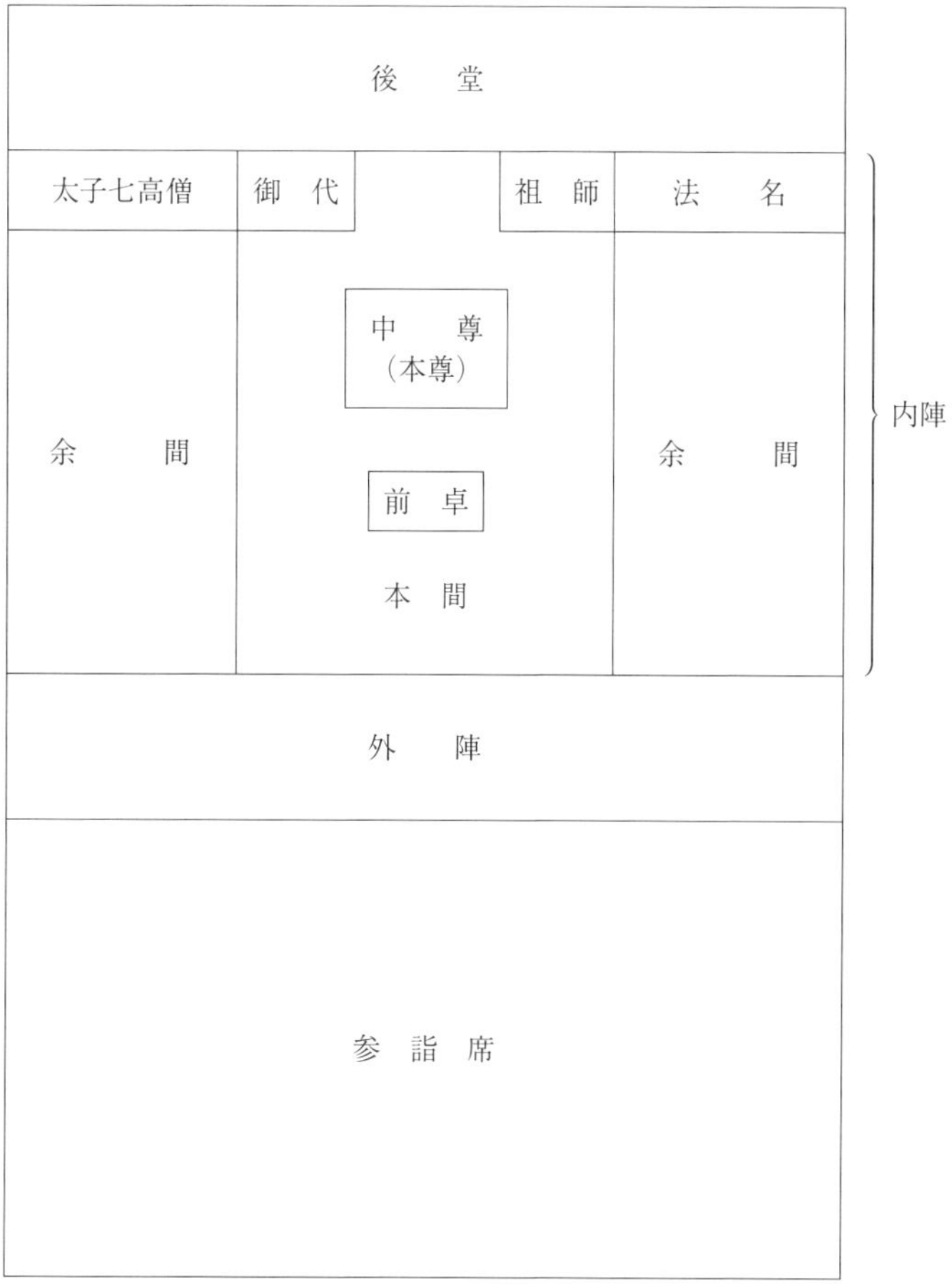

図４　現在の本堂の様式

2　それぞれの卓の荘厳

1、中尊前上卓・前卓

真宗本廟は阿弥陀堂と御影堂の二堂様式で、阿弥陀堂の正式な荘厳としては、中尊前前卓は五具足とされています。

一般寺院は多く阿弥陀堂だけの一堂様式ですが、その場合も中尊前前卓の正式な荘厳は五具足です。しかし、生花などの荘厳費用など経済的理由で三具足にし、報恩講のような重い法要の時だけ五具足にしているようです。

なお、中尊前前卓の土香炉は、透かし彫りの土香炉を使用します。

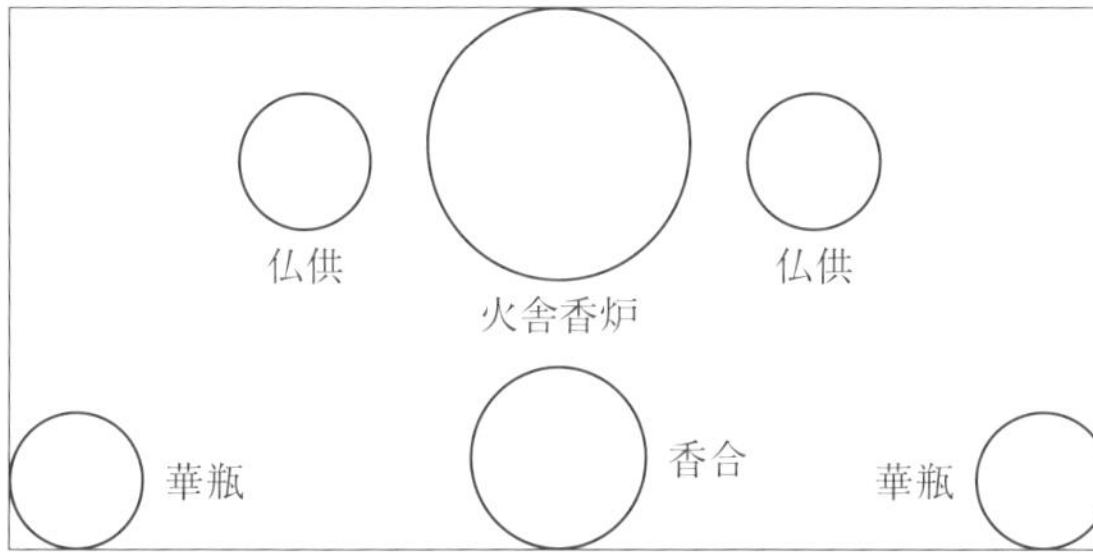

図５　中尊前上卓の基本形

図６　平常の荘厳

図７　打敷・供笥を用いた荘厳（法要時）

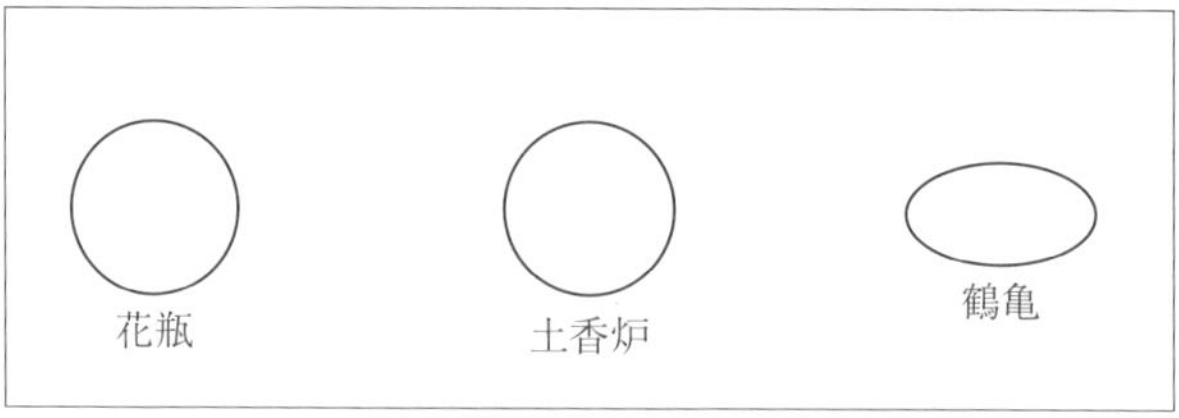

図８　中尊前前卓（三具足）の基本形

図９　三具足での荘厳

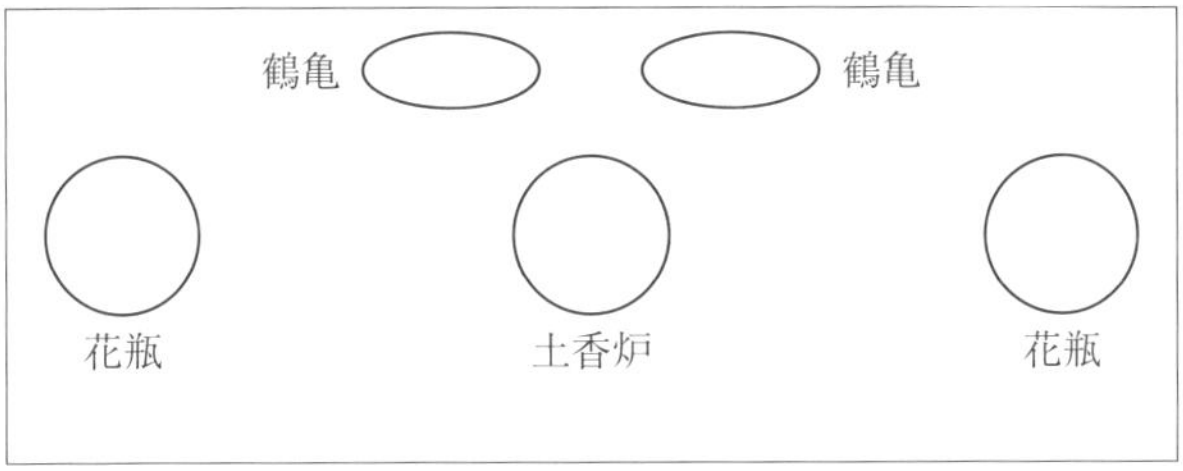

図10　中尊前前卓（五具足）の基本形

図11　五具足での荘厳

2、祖師前前卓

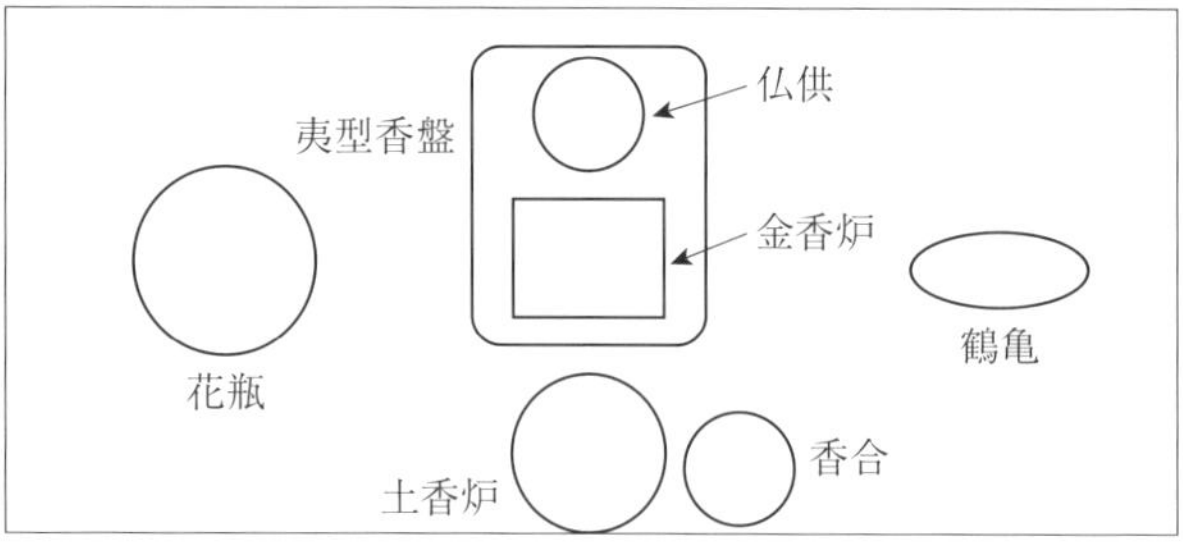

図12　祖師前前卓の基本形

金香炉と花瓶の関係では、金香炉が角の場合は花瓶は丸、金香炉が丸の場合は花瓶は角を使用します。

平常は、香盤は夷型香盤を使用し、土香炉は浮絵入り土香炉を使用します。

軽い法要の時は、この荘厳のまま供笥を置き打敷をします。

報恩講など重い法要の時は、香盤に七角香盤を使い、仏供は月型仏器台を用いて開山須弥壇上に置きます。

図13　平常の荘厳

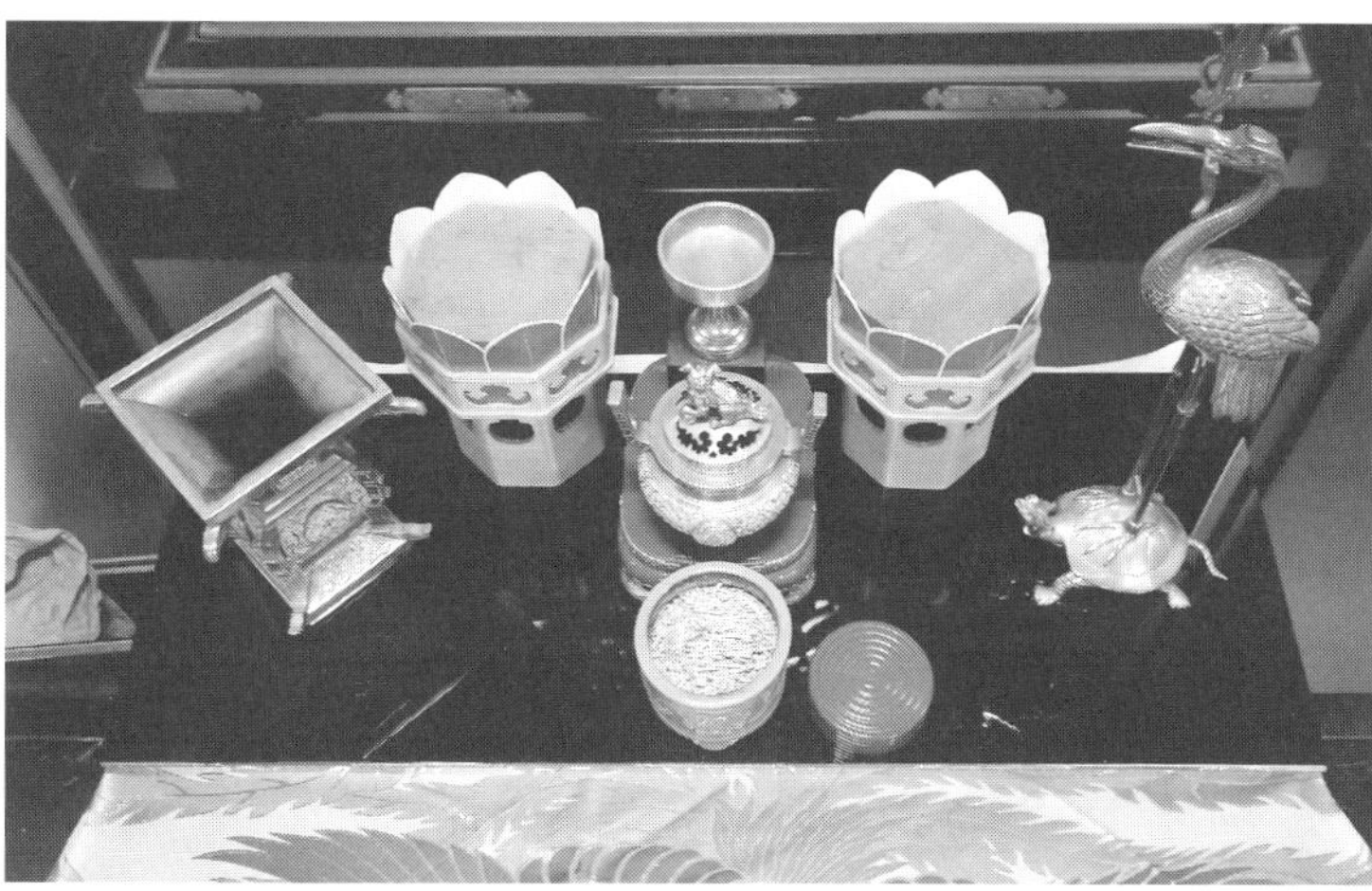

図14　打敷・供笥を用いた荘厳（法要時）

3、御代前前卓

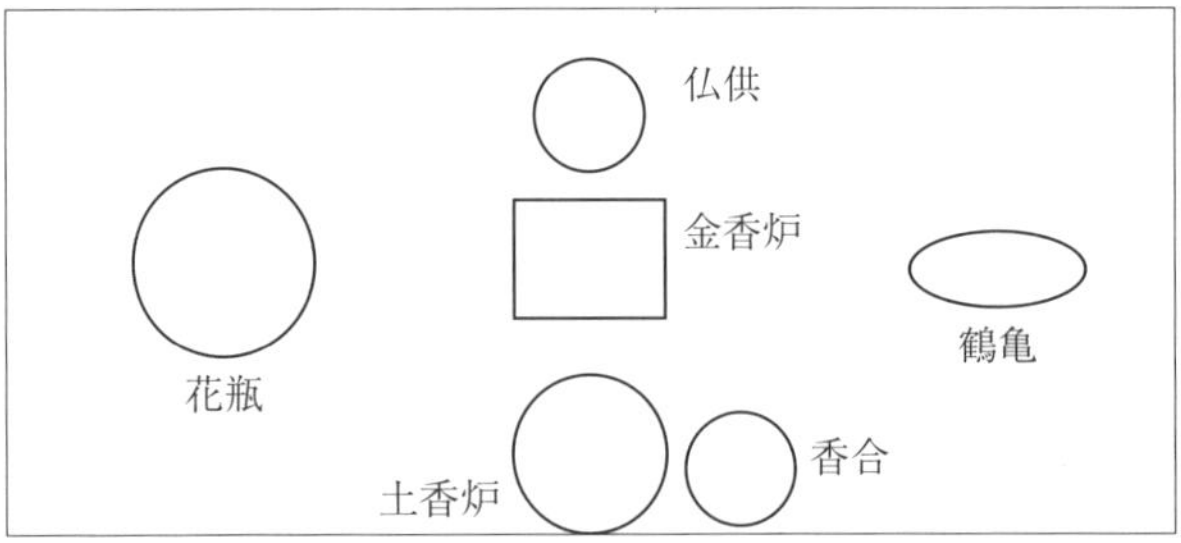

図15　御代前前卓の基本形

土香炉は浮絵入りを使用します。

祖師前の平常荘厳より香盤を外した形です。正月やお盆、前住上人祥月命日などには打敷をします。その場合は夷型香盤を用います。

図16　平常の荘厳

図17　打敷・供笥を用いた荘厳（法要時）

4、法名前前卓

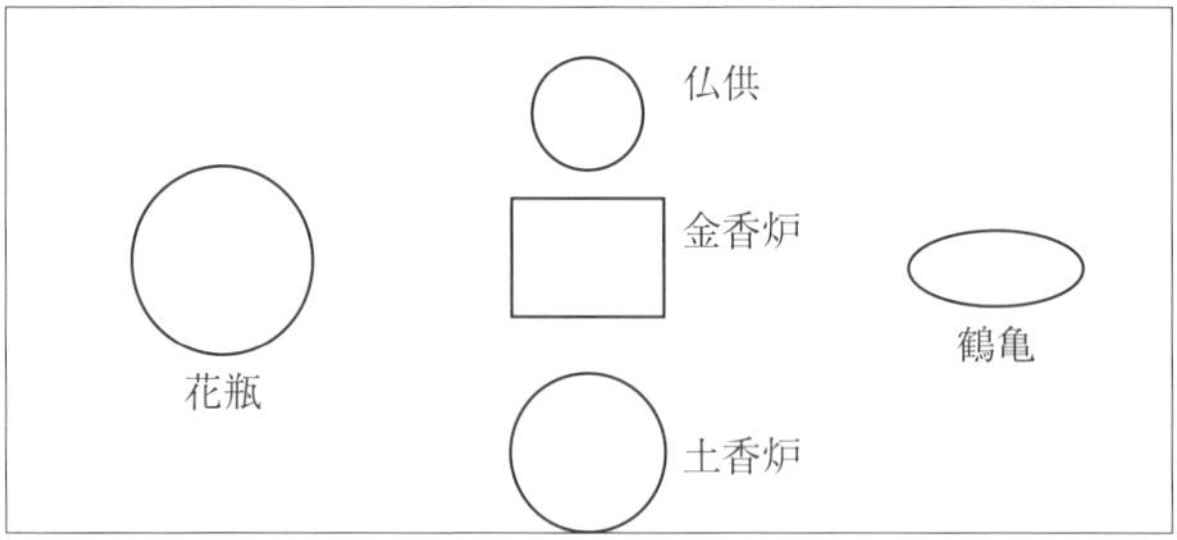

図18　法名前前卓の基本形

土香炉は浮絵入りを使用します。

祖師前の平常荘厳より香盤、香合を外した形です。正月やお盆、前住職祥月命日、年忌法要などは打敷をします。その時は、御代前前卓の場合と同じく夷型香盤、香合を用います。

図19　平常の荘厳

図20　打敷・供笥を用いた荘厳（法要時）

5、太子七高僧前

太子七高僧前は、正式には前卓で荘厳するものですが、多くの寺院は中央卓にしていると思われますから、ここでは中央卓の荘厳だけを説明します。

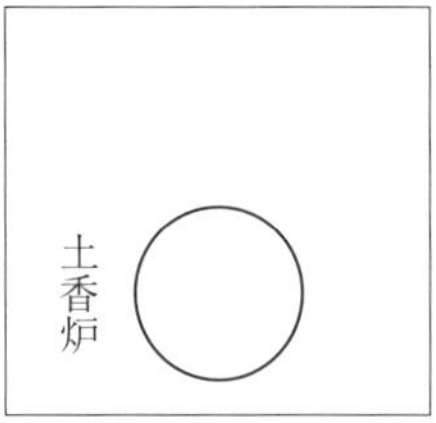

図21　平常の荘厳
（中央卓）

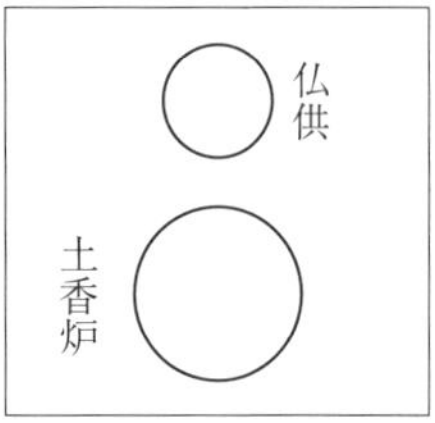

図22　御命日の荘厳
（中央卓）

6、和讃卓

本堂の荘厳としては六脚置くのが基本です。和讃卓の上には、正信偈と三帖和讃を置き、その他の必要のない物は置かないようにします。

六脚の卓は、向畳に二脚置いた場合は、祖師前側に二脚、御代前側に二脚置きます。向畳がない場合や、向畳に卓を置かない場合は、祖師前側に三脚、御代前側に三脚置きます。

向畳の二脚を上人卓と言います。現在は門首・新門がおられますから、両方の上人卓の和讃箱は開けておきますが、どちらかが欠けた場合や、海外に出られるなど不在の場合、その和讃箱は蓋をしておきます。その時は、六脚の一つには数えません。

正信偈と三帖和讃の置き方は、一番下に正信偈、その上に浄土和讃・高僧和讃・正像末和讃と重ねた三帖和讃を置きます。

浄土和讃を読み終わった後は、正信偈と正像末和讃の間に浄土和讃を入れ置きます。詳しく示せば、一番上に高僧和讃、二番目に正像末和讃、三番目に浄土和讃、一番下に正信偈となります。高僧和讃が終われば、上から正像末和讃、浄土和讃、高僧和讃、正信偈の順となります。

ちなみに、正信偈を開いてよいのは句切りからとされています。

※和讃卓の数は、便宜的に平常は一脚、もしくは必要数にしてもよいものと思われます。

Ⅲ　平日勤行・定例法要の勤め方

1　平日の朝のお勤め

1、晨　朝

①装　束

黒衣（直綴）・墨袈裟または黒衣（直綴）・青袈裟で勤めます。

②荘　厳

「晨朝に蠟なし」と言い、晨朝に蠟燭を立てることはありません。

線香を必要な長さに折り火を点け、中尊前、祖師前、御代前、太子七高僧前、法名前のすべての土香炉に入れます。線香は、奥に向かって左から右に燃えるように、横に寝かせて置きます。

③次　第

古来は、本願寺歴代の御命日に合わせて、御命日を「長（なが）」と言い、それ以外を「短（みじか）」と呼びました。

「長」の日は、月の上旬が「二、四、五、六、八」で「に、し、ご、ろ、は」と覚えます。中旬が「一、二、三、四、五、八、九」、下旬が「二、四、五、九」です。

「長」の日の次第は「正信偈　中拍子、念仏・和讃・回向　三淘、御文」、「短」の日は「正信偈　舌々、念仏・和讃・回向　二淘、御文」とされてきました。伝統を守ることで声明が伝えられるのですが、各自の事情で「正信偈　草四句目目下、念仏・和讃・回向　三淘、御文」で勤めてもよいものと思われます。

④仏　供

お勤めが終わった後にお備えします。原則として、中尊前二つ、祖師前一つ、御代前一つと、御命日にあたる太子・七高僧、法名前にお備えします。なお、お仏供を引くのは正午前です。

中尊前は、火舎香炉と華瓶の間、火舎香炉の真横に置きます。ちなみに、上卓に供笥を置いた場合は、華瓶と仏供と火舎香炉が半円状になります。

祖師前は、金香炉の後ろ、金香炉と同じ香盤の上に置きます。御代前・法名前は金香炉の後ろ、卓上に直接置きます。

作法は、正面にて頭礼し、仏供を備えた後、合掌蹲踞します。正面でできない場合は、少し横にそれて行います。仏供を引く時は逆で、まず合掌蹲踞し、仏供を引いた後に頭礼をします。

2、一人で内陣で勤める場合

従来は「内陣出仕して自ら打磬して勤る場合は砂張を用いる正とす　外陣にては平磬なり」とされていました。砂張と平磬では音色の違いもありますから、平磬を図23のような場所に出して使用してもいいのではないかと思います。

なお、磬輪を地板に置き平磬を据えますが、磬台は使用しません。

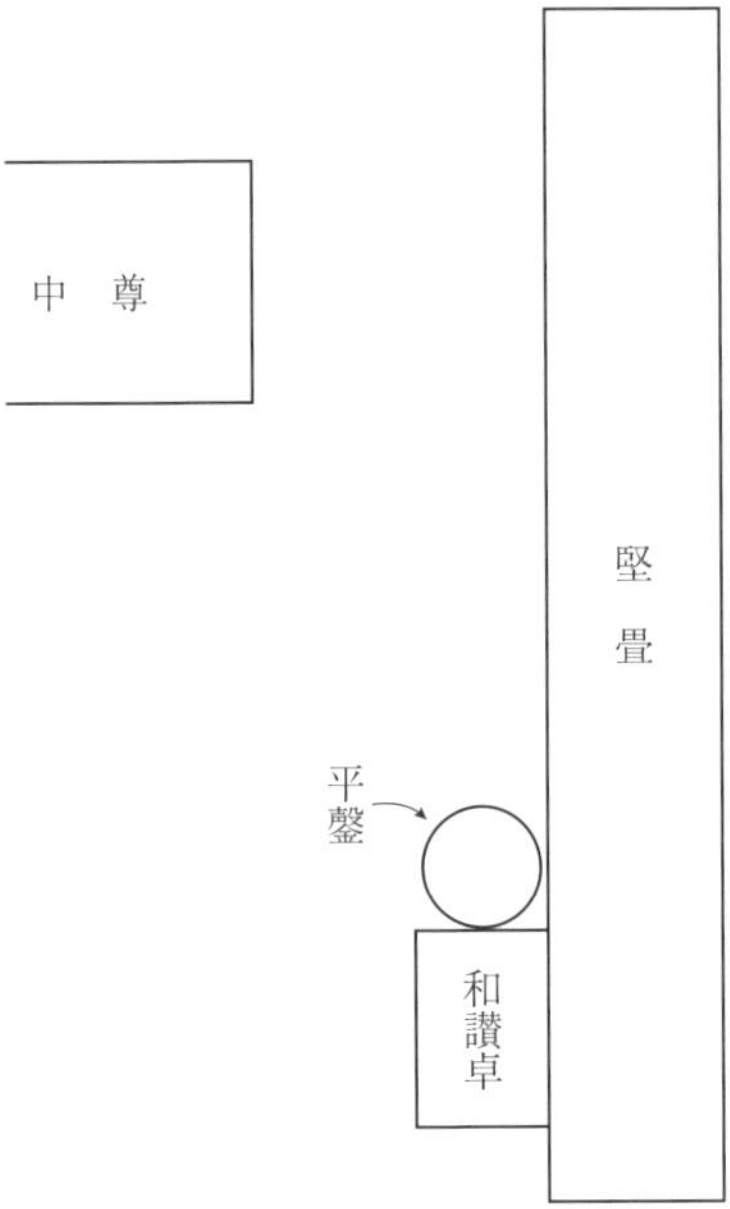

図23　平磬の置き場所

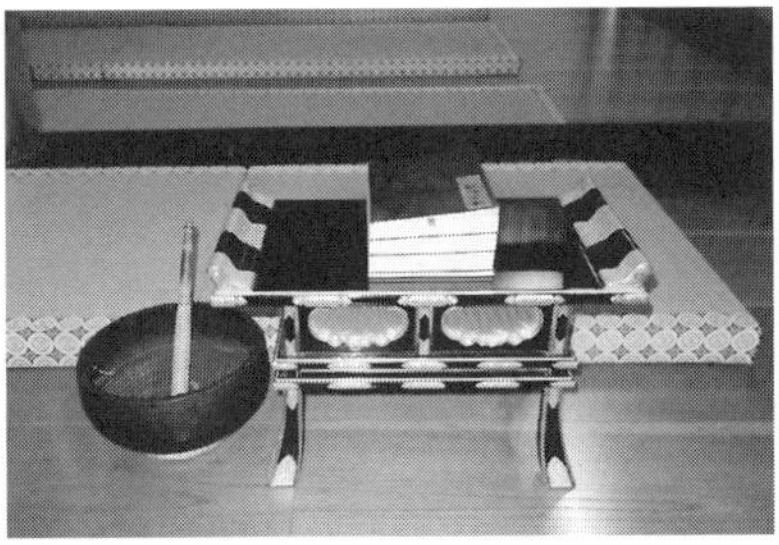
図24　内陣に磬を置く場合の荘厳

3、御文を読む場所

御文拝読は外陣で行うものですが、晨朝などで参詣者がおらず、一人で内陣で勤める場合は、右余間の本間寄り一畳目、最奥の場所で読んでもいいのではないかと思われます。

御文の読法について

「ツメル」「ノム」について、現在は「ここはノム」「ここはツメル」という指導がされています。「ツメル」は次に「し」「た」「と」「こ」「き」がくる場合、「ノム」は次に「に」「も」「の」や濁音がきた場合などの法則が見られ、中世の発音の法則に従って考え直す必要があるのではないかと思われます。今後の研究がまたれます。

「ナマル」についても同様のことが言えます。

2　御命日・定例法要のお勤め

1、宗祖聖人御命日（二十八日）

（1）一昼夜で勤める場合

①逮　夜（二十七日午後二時）

◎装束……色直綴・五条

◎荘厳……本間・余間すべての土香炉に線香をします。

中尊前・祖師前（両尊前）の火舎香炉と金香炉に炭を入れ、焼香できるようにします。火舎香炉の蓋を取り、火舎香炉の左前横に置きます。さらに祖師前の金香炉と土香炉を入れ替え、金香炉の蓋を取り、金香炉の左横に置きます。

次に両尊前に蠟燭を立てます。なお真宗大谷派では、結婚式などの慶事は金色、葬儀は銀色、その他の法要は全て赤色の蠟燭を使うのが原則です。

◎次第……前焼香（両尊前）

出　仕
総　礼
正信偈　真四句目下
念仏讃　淘五
和　讃　回り口（一月＝弥陀成仏のこのかたは）
回　向　我説彼尊功徳時
総　礼
退　出
御　文　「聖人一流」

※前焼香の仕方

中啓は後堂に置き、藺草履は履かず、中尊前に進み頭礼をします。中啓を持って出た場合は、頭礼の後に懐啓し、焼香を二握し火舎香炉に入れ、火舎香炉の蓋をして合掌・蹲踞の後、退出します。祖師前金香炉にも、同様に焼香します。

なお、内陣出仕する者が焼香する場合、出入の際の須弥壇横での平伏の必要はありません。

②晨　朝（二十八日午前七時）

◎装束……黒衣（直綴）・五条

◎荘厳……本間・余間すべての土香炉に線香をします。
　　金灯籠を吊ります。

◎次第……出　仕
　　総　礼
　　正信偈　真読
　　念仏讃　淘五
　　和　讃　回り口（一月＝道光明朗超絶せり）
　　回　向　世尊我一心
　　総　礼
　　退　出
　　御　文　「御命日（鸞聖人）」

※金灯籠の荘厳
　本来は必要な時に出すものです。必要な時とは、逮夜のあった晨朝、報恩講の御伝鈔の時などです。常時吊ってある金灯籠も、必要時に点灯するようにします。

③日　中（二十八日午前十時）

◎装束……裳附・五条

◎荘厳……逮夜と同じ。

◎次第……前焼香（両尊前）

出　仕

総　礼

文類偈　真四句目下

念仏讃　淘五

和　讃　回り口（一月＝光明月日に勝過して）

回　向　願以之功徳

総　礼

退　出

（2）逮夜・晨朝兼日中で勤める場合

①逮　夜（二十七日午後二時）

◎装束……色直綴・五条

◎荘厳……一昼夜の逮夜と同じ。

◎次第……前焼香（両尊前）

出　仕

総　礼

正信偈　真四句目下

念仏讃　淘五

和　讃　回り口（一月＝弥陀成仏のこのかたは）

回　向　世尊我一心

総　礼

退　出

御　文「聖人一流」

②**晨朝兼日中**

◎装束……裳附・五条

◎荘厳……逮夜と同じ。

◎次第……前焼香（両尊前）

出　仕

総　礼

正信偈　真四句目下

念仏讃　淘五

和　讃　回り口（一月＝道光明朗超絶せり）

回　向　願以之功徳

総　礼

退　出

御　文　「御命日（鸞聖人）」

（3）晨朝兼日中だけで勤める場合

◎装束……裳附・五条
◎荘厳……一昼夜の日中と同じ。
◎次第……前焼香（両尊前）

出　仕
総　礼
正信偈　真四句目下
念仏讃　淘五
和　讃　回り口（一月＝弥陀成仏のこのかたは）
回　向　願以之功徳
総　礼
退　出
御　文　「御命日（鸞聖人）」

2、前住上人御命日（真宗本廟前門首の御命日）

（1）一昼夜で勤める場合

①逮　夜（十二日午後二時）

◎装束……黒衣（直綴）・五条

◎荘厳……中尊前、祖師前は宗祖聖人逮夜と同じです。
加えて御代前も焼香の用意をし、蠟燭を立てます。

◎次第……前焼香（三尊前）
出　仕
総　礼
正信偈　真四句目下
念仏讃　淘五
和　讃　回り口（一月＝弥陀成仏のこのかたは）
回　向　我説彼尊功徳時

総　礼

退　出

御　文　「末代無智」

②晨　朝（十三日午前七時）

◎装束……黒衣（直綴）・五条

◎荘厳……宗祖聖人御命日と同じ。

◎次第……出　仕

総　礼

正信偈　真読

念仏讃　淘五

和　讃　回り口（一月＝道光明朗超絶せり）

回　向　世尊我一心

総　礼

退　出

御　文　「毎月両度」

③日　中（十三日午前十時）

◎装束……黒衣（直綴）・五条
◎荘厳……逮夜と同じ。
◎次第……前焼香（三尊前）

出　仕
総　礼
文類偈　真四句目下
　念仏讃　淘五
　和　讃　回り口（一月＝光明月日に勝過して）
回　向　願以之功徳
総　礼
退　出

（2）逮夜・晨朝兼日中で勤める場合

①逮　夜

◎装束……黒衣（直綴）・五条

◎荘厳……一昼夜の逮夜と同じ。

◎次第……前焼香（三尊前）

出　仕

総　礼

正信偈　真四句目下

念仏讃　淘五

和　讃　回り口（一月＝弥陀成仏のこのかたは）

回　向　世尊我一心

総　礼

退　出

御　文　「末代無智」

②晨朝兼日中

◎装束……黒衣（直綴）・五条

◎荘厳……逮夜と同じ。

◎次第……前焼香（三尊前）

出　仕

総　礼

正信偈　真四句目下

念仏讃　淘五

和　讃　回り口（一月＝道光明朗超絶せり）

回　向　願以之功徳

総　礼

退　出

御　文「毎月両度」

（3）晨朝兼日中だけで勤める場合

晨朝兼日中

◎装束……黒衣（直綴）・五条

◎荘厳……一昼夜の日中と同じ。

◎次第……前焼香（三尊前）

出　仕

総　礼

正信偈　真四句目下

念仏讃　淘五

和　讃　回り口（一月＝弥陀成仏のこのかたは）

回　向　願以之功徳

総　礼

退　出

御　文　「毎月両度」

3、自坊前住職命日など

（1）一昼夜で勤める場合

①逮　夜

◎装束……黒衣（直綴）・五条

◎荘厳……三尊前に加えて法名前にも焼香の用意をし、蠟燭を立てます。

◎次第……前焼香（両尊前、法名前）

出　仕

総　礼

正信偈　行四句目下

念仏讃　淘五三

和　讃　回り口

回　向　我説彼尊功徳時

総　礼

退出
御文　（回り口）

②晨朝

◎装束……黒衣（直綴）・五条
◎荘厳……宗祖聖人御命日と同じ。
◎次第……出仕
総礼
正信偈　真読
念仏讃　淘五三
和讃　回り口
回向　世尊我一心
総礼
退出
御文　（回り口）

③日　中

◎装束……黒衣（直綴）・五条

◎荘厳……逮夜と同じ。

◎次第……前焼香（両尊前、法名前）

出　仕

総　礼

文類偈　行四句目下

　念仏讃　淘五三

　和　讃　回り口

回　向　願以之功徳

総　礼

退　出

（2）逮夜・晨朝兼日中で勤める場合

①逮　夜

◎装束……黒衣（直綴）・五条

◎荘厳……一昼夜の逮夜と同じ。

◎次第……前焼香（両尊前、法名前）

出　仕

総　礼

正信偈　行四句目下

念仏讃　淘五三

和　讃　回り口

回　向　世尊我一心

総　礼

退　出

御　文　（回り口）

②晨朝兼日中

◎装束……黒衣（直綴）・五条

◎荘厳……逮夜と同じ。

◎次第……前焼香（両尊前、法名前）

出　仕

総　礼

正信偈　行四句目下

念仏讃　淘五三

和　讃　回り口

回　向　願以之功徳

総　礼

退　出

御　文　（回り口）

（3）晨朝兼日中だけで勤める場合

晨朝兼日中

◎装束……黒衣（直綴）・五条
◎荘厳……一昼夜の日中と同じ。
◎次第……前焼香（両尊前、法名前）

出　仕
総　礼
正信偈　行四句目下
念仏讃　淘五三
和　讃　回り口
回　向　願以之功徳
総　礼
退　出
御　文　（回り口）

4、前住職命日よりも少し軽めに勤める時など

（1）一昼夜で勤める場合

①逮　夜

◎装束……黒衣（直綴）・青袈裟

◎荘厳……両尊前、法名前での焼香は省略し、蠟燭だけを立てます。

◎次第……出　仕

総　礼

正信偈　草四句目下

念仏讃　淘五三

和　讃　回り口

回　向　我説彼尊功徳時

総　礼

退　出

御　文　（回り口）

②晨　朝

◎装束……黒衣（直綴）・青袈裟

◎荘厳……宗祖聖人御命日と同じ。

◎次第……出　仕

総　礼

正信偈　中読

念仏讃　淘五三

和　讃　回り口

回　向　世尊我一心

総　礼

退　出

御　文　（回り口）

③日　中

◎装束……黒衣（直綴）・青袈裟

◎荘厳……逮夜と同じ。

◎次第……出　仕

総　礼

文類偈　草四句目下

念仏讃　淘五三

和　讃　回り口

回　向　願以之功徳

総　礼

退　出

（2）逮夜・晨朝兼日中で勤める場合

①逮　夜

◎装束……黒衣（直綴）・青袈裟

◎荘厳……一昼夜の逮夜と同じ。
◎次第……出　仕
　　　　総　礼
　　　　正信偈　草四句目下
　　　　　念仏讃　淘五三
　　　　　和　讃　回り口
　　　　回　向　世尊我一心
　　　　総　礼
　　　　退　出
　　　　御　文　（回り口）

②晨朝兼日中

◎装束……黒衣（直綴）・青袈裟
◎荘厳……逮夜と同じ。
◎次第……出　仕
　　　　総　礼

正信偈　草四句目下
念仏讃　淘五三
和　讃　回り口
回　向　願以之功徳
総　礼
退　出
御　文　（回り口）

（3）晨朝兼日中だけで勤める場合

晨朝兼日中

◎装束……黒衣（直綴）・青袈裟
◎荘厳……一昼夜の日中と同じ。
◎次第……出　仕
総　礼
正信偈　草四句目下

念仏讃　淘五三
和　讃　回り口
回　向　願以之功徳
総　礼
退　出
御　文　（回り口）

5、定例法要の勤行次第（例）

定例法要の勤行次第を示すと、表3の通りです。

しかし、勤行次第を決めるのは住職の責務ですから、表を参考に勤行次第を住職が決めるものです。

表3　定例法要勤行次第

法要種別		お勤め	念仏讃	和讃	回向
平日	晨朝	正信偈舌々	淘二	回り口	願以此功徳
同（歴代御命日）		正信偈中拍子	淘三	回り口	願以此功徳
前住上人御命日	逮夜	正信偈真四句目下	淘五	回り口	我説彼尊功徳事
	晨朝	正信偈真読	淘五	回り口	世尊我一心
	日中	文類偈真四句目下	淘五	回り口	願以此功徳
前住上人御命日 同（一月のみ）	逮夜	正信偈真四句目下	淘五	弥陀成仏	我説彼尊功徳事
	晨朝	正信偈真読	淘五	道光明朗	世尊我一心
	日中	文類偈真四句目下	淘五	光明月日	願以此功徳
蓮如上人御命日	晨朝	正信偈行四句目下	淘五三	回り口	願以此功徳
宗祖聖人御命日	逮夜	正信偈真四句目下	淘五	回り口	我説彼尊功徳事
	晨朝	正信偈真読	淘五	回り口	世尊我一心
	日中	文類偈真四句目下	淘五	回り口	願以此功徳
同（一月のみ）	逮夜	正信偈真四句目下	淘五	弥陀成仏	我説彼尊功徳事
	晨朝	正信偈真読	淘五	道光明朗	世尊我一心
	日中	文類偈真四句目下	淘五	光明月日	願以此功徳
修正会　元旦	晨朝	正信偈真読	淘五	弥陀成仏	願以此功徳
二日	晨朝	正信偈中拍子	淘五三	回り口	願以此功徳
三日	晨朝	正信偈中読	淘五三	回り口	願以此功徳
四日・五日	晨朝	正信偈中拍子	淘五三	回り口	願以此功徳

蓮如上人御祥月	逮夜	正信偈真四句目下	淘五	回り口	我説彼尊功徳事
	晨朝	正信偈真読	淘五	回り口	世尊我一心
	日中	文類偈真四句目下	淘五	回り口	願以此功徳
春秋彼岸会　初中結	晨朝	正信偈中読	淘三	回り口	世尊我一心
初中結	日中	正信偈行四句目下	淘五三	回り口	願以此功徳
	晨朝	正信偈中読	淘三	回り口	願以此功徳
		（歴代命日は中拍子）	淘三	回り口	願以此功徳
盂蘭盆会	逮夜	正信偈草四句目下	淘五三	回り口	我説彼尊功徳事
	晨朝	正信偈中拍子	淘五三	回り口	世尊我一心
	日中	文類偈草四句目下	淘五三	回り口	願以此功徳
	昏時	正信偈舌々	淘二	回り口	願以此功徳
御正忌	逮夜	正信偈真四句目下	淘五	弥陀成仏	我説彼尊功徳事
	晨朝	正信偈真読	淘五	道光明朗	世尊我一心
	日中	文類偈真四句目下	淘五	光明月日	願以此功徳
歳末	昏時	正信偈舌々	淘二	南无阿弥陀佛ノ回向ノ	願以此功徳
自坊前住職命日	逮夜	正信偈行四句目下	淘五三	回り口	我説彼尊功徳事
	晨朝	正信偈中読	淘五三	回り口	世尊我一心
	日中	文類偈行四句目下	淘五三	回り口	願以此功徳
同　祥月命日	逮夜	正信偈真四句目下	淘五	回り口	我説彼尊功徳事
	晨朝	正信偈真読	淘五	回り口	世尊我一心
	日中	文類偈真四句目下	淘五	回り口	願以此功徳

自坊前坊守命日	逮夜	正信偈草四句目下	淘五三	回り口	我説彼尊功徳事
	晨朝	正信偈中拍子	淘五三	回り口	世尊我一心
	日中	文類偈草四句目下	淘五三	回り口	願以此功徳
同　祥月命日	逮夜	正信偈行四句目下	淘五三	回り口	我説彼尊功徳事
	晨朝	正信偈中読	淘五三	回り口	世尊我一心
	日中	文類偈行四句目下	淘五三	回り口	願以此功徳

※なお日中に参詣者がいる場合、逮夜・日中の次第を入れ替えて、逮夜を文類偈、日中を正信偈にしてもよいものと思われます。

Ⅳ　勤行・調声

1　調声および巡讃について

真宗大谷派の声明儀式は、他力の声明、すなわち六字の御名「南無阿弥陀仏」を聞く「聞の声明」と言われます。お勤めの声は荘厳の一部であることと、その声を六字のお勧めと自ら聞き、恭敬の心を忘れぬことが大切と教えられています。

調声は、その法要の格を決めるものですから、調声をする人は事前に助音役の人にその軽重を指示しておきます。

なお、調声および巡讃は、助音役の人に音を渡すということを忘れてはいけません。

2　正信偈・文類偈・念仏讃の種類と関係

1、種　類

①正信偈の種別

1、墨　譜（舌々・中読・真読）
2、中拍子
3、草四句目下
4、行四句目下
5、真四句目下
6、句　切
7、句　淘

②文類偈の種別

1、草四句目下

2、行四句目下

3、真四句目下

4、句切

5、句淘

③念仏讃の種別

1、二淘

2、三淘

3、五三淘

4、五淘

5、八淘

6、十淘

7、十二淘

2、関　係

①正信偈・文類偈と念仏讃の基本的関係

〈正信偈・文類偈〉　〈念仏讃〉

1、舌　々……………二　淘
2、中拍子……………三　淘
3、草四句目下………五三淘
4、行四句目下………五　淘
5、真四句目下………八　淘
6、句　切……………十　淘
7、句　淘……………十二淘

②正信偈・文類偈・念仏讃の勤め方の違い

真八（真四句目下・八淘）を基本として、

真　八（真四句目下・八淘）

←行　五（行四句目下・五淘）
←草五三（草四句目下・五三淘）
←中拍子三（中拍子・三淘）
←舌々二（舌々・二淘）

と順にお勤めを軽くしていくと考えます。

次項では、墨譜から真四句目下まで、種類別の調声の特徴を紹介します。息継ぎなどの箇所は、「○」「△」の記号を使って説明します。

○……息継ぎのところ
△……息継ぎせず間を持つところ

「○」の前の音は最後まできちんと持ち、続く音の始めは必ず押します。なお、「張る」の場合は、音程を少し上げた後に声を張ります。「上げる」の場合は、音程を上げて発声します。

3　正信偈・文類偈の調声の仕方

1、真読・中読

①真　読

帰《き》命《みょう》無《む》量《りょう》寿《じゅ》如《にょ》来《らい》

五《ご》劫《こう》思《し》惟《ゆい》之《し》摂《しょう》受《じゅ》

②中読

帰《き》命《みょう》無《む》量《りょう》寿《じゅ》如《にょ》来《らい》

五《ご》劫《こう》思《し》惟《ゆい》之《し》摂《しょう》受《じゅ》

2、舌々・二淘

①正信偈

帰《き》命《みょう》無《む》量《りょう》寿《じゅ》如《にょ》来《らい》

※「命」と「量」を伸ばしません。

「帰」のキと「来」のイにしっかりと当たります。

五《ご》劫《こう》思《し》惟《ゆい》之《し》摂《しょう》受《じゅ》

※「劫」と「惟」を伸ばしません。

「五」のゴと「受」のジュにしっかりと当たります。

②初重の念仏和讃

南無阿弥陀仏

※ナに当たり、ムアミは当たりつなげて、ダを伸ばします。

弥《み》陀《だ》成《じょう》仏《ぶ》のこのかたは

③二重の念仏和讃

阿弥陀仏

※アとブだけ当たります。

解《げ》脱《だ》の光《こう》輪《りん》きは《わ》もなし

④三重の念仏和讃

南無阿弥陀仏

※初重と同じくナに当たり、ムアミは当たりつなげて、ダを伸ばします。ブは二節ですが、最初の一節は軽く当たるだけです。

清浄《しょうじょう》光《こう》明《みょう》ならびなし

⑤回　向

願《がん》以《に》此《し》功《く》徳《どく》《ドク》

※ドクは「ドオク」と、ドとクの間に「オ」を入れて読みます。

3、中拍子・三淘

①正信偈

押さえる

帰《き》命《みょう》無《む》量《りょう》寿《じゅ》如《にょ》来《らい》

※基本的には舌々と同じで、「命」と「量」を伸ばさず、「帰」のキと「来」のイにしっかりと当たり、イの音を送って二節とします。

押さえる

善《ぜん》導《どう》独《どく》明《みょう》仏《ぶッ》正《しょう》意《い》

※基本的には舌々の「五劫思惟之摂受」の発声と同じで、「導」と「明」を伸ばさず、「善」のゼと「意」のイにしっかりと当たります。

② 初重の念仏和讃

南無阿弥陀仏　ブ

押さえる　はっきり　押さえる　抜く　改めて入るほどに　当たる

※二淘と同じでナに当たり、ムアミは当たりつなげます。ナもミも持ちません。

弥《み》陀《だ》成《じょう》仏《ぶ》ノのこのかたは

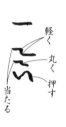

軽く　丸く　押す　当たる

※「三淘の巡讃に節符なし」と言います。最後のオドリはしっかりと勤めます。

③二重の念仏和讃

阿弥陀仏（押さえる／当たる／張るだけ）

ブ（軽く／当たる（五三淘以上は押す））

※アは押し、ミダは軽く当たり、ブの始めは当たります。

解《げ》脱《だ》の光《こう》輪《りん》きは《わ》もなし（軽く／当たる）

④三重の念仏和讃

南無阿弥陀仏

回しすぎない
上がる
軽く当たる
点にする（字のように持たない）
ダ

※ミの初めの三分の一は持ち、後はブにつなぐつもりで発声します。

清浄《しょうじょう》光《こう》明《みょう》ならびなし

当たる
強く当たる
軽く当たる

⑤回　向

願《がん》以《に》此《し》功《く》徳《どく》

ク

※ドは字扱いです。

4、草四句目下・五三淘

①正信偈

帰《き》命《みょう》無《む》量《りょう》寿《じゅ》如《にょ》来《らい》

※言葉の頭に当たるのは声明の基本です。「量」を少し持ちます。
中拍子と同じくイの音を送って二節とします。

善《ぜん》導《どう》独《どく》明《みょう》仏《ぶッ》正《しょう》意《い》

※言葉の頭に当たり、「明」を少し持ちます。

②文類偈の調声（草四句目下以上全て）

正信偈の「量」と「寿」の間の扱いが、文類偈の「方」と「不」の間にくると考えます。

③初重の念仏和讃

南無阿弥陀仏《ブウ》

押さえる
荘厳がある時は繰入れ扱い、ない時は当たるだけ
軽く
重く
違いをはっきり
重い時ほど上から

※三淘に準じます。「五三淘」とは、念仏五淘・和讃三淘ということではなく、「五三」とは声明の格をあらわします。

ナを持たず、ミは持ちます。軽くて強いということを念頭に発声します。

弥《み》陀《だ》成《じょう》仏《ぶ》のこのかたは

※基本的には三淘と同じですが、格ということを忘れてはいけません。

④二重の念仏和讃

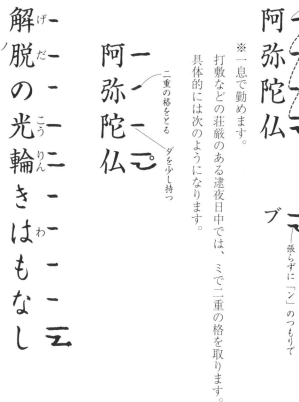

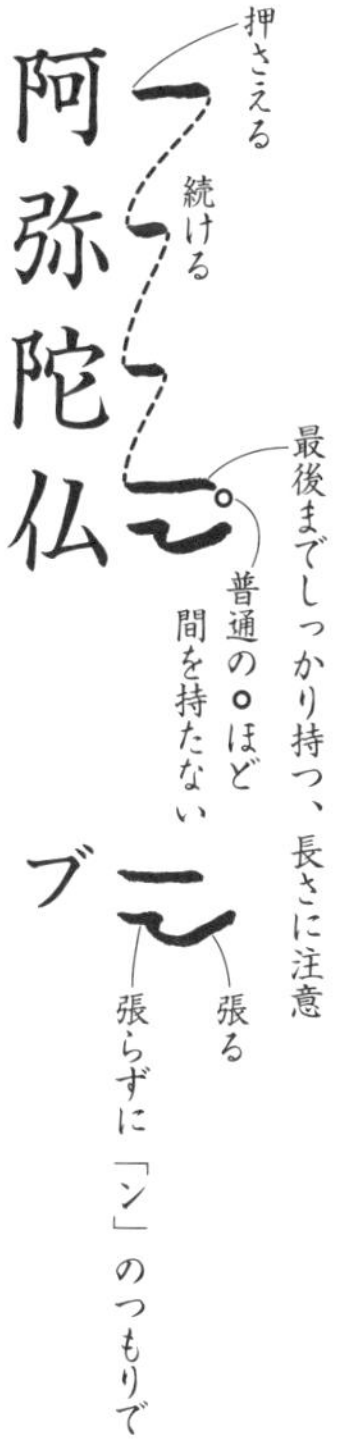

※一息で勤めます。

打敷などの荘厳のある逮夜日中では、ミで二重の格を取ります。

具体的には次のようになります。

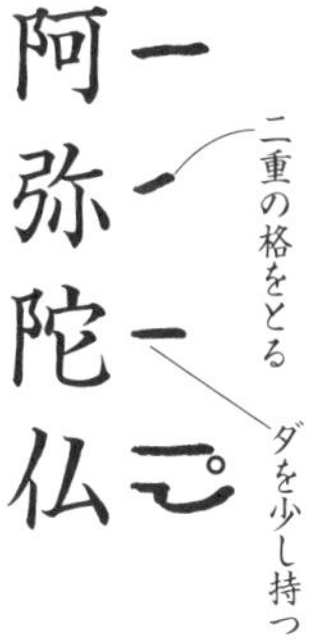

解《げ》脱《だ》の光《こう》輪《りん》きは《わ》もなし

⑤三重の念仏和讃

南無阿弥陀仏　ナ

押さえる

三重の格をとる

※ナで三重の格を取ります。

晨朝は一息、逮夜・日中はダで息を継ぎます。

清浄《しょうじょう》光《こう》明《みょう》ならびなし

⑥回　向

願《がん》以《に》此《し》功《く》徳《どく》

押さえる

ク

5、行四句目下・五淘

①正信偈

帰《き》命《みょう》無《む》量《りょう》寿《じゅ》如《にょ》来《らい》

※言葉の頭を押さえてつなげます。「量」の音を伸ばします。「量」と「寿」の間で切りますが、間はありません。イの音を送って二節とします。

荘厳のない場合は一息で発声します。

善《ぜん》導《どう》独《どく》明《みょう》仏《ぶッ》正《しょう》意《い》

※言葉の頭を押さえてつなげます。「明」を伸ばします。「明」と「仏」の間で切りますが、間はありません。荘厳のない場合は一息で発声します。

②初重の念仏和讃

丸く扱う（軽くする）

大大中

南無阿弥陀仏

ダ

※報恩講などの重い法要においては、八淘に準じます。

弥《み》陀《だ》成《じょう》仏《ぶ》のこのかたは

③二重の念仏和讃

阿弥陀仏

※八淘と同じです。ミとダを軽くします。

解《げ》脱《だ》の光《こう》輪《りん》きは《わ》もなし

④三重の念仏和讃

南無阿弥陀仏

丸く

※八淘をやや軽くします。ム、アを持ちません。

清浄《しょうじょう》光《こう》明《みょう》ならびなし

⑤回　向

願《がん》以《に》此《し》功《く》徳《どく》

6、真四句目下・八淘

①正信偈

押さえる
押す
同音
張る
同音
同音
同音
同音
張る（上がると違う）

帰《き》命《みょう》無《む》量《りょう》寿《じゅ》如《にょ》来《らい》

※一つひとつの言葉を押してつなげます。「量」と「寿」の間をしっかり持ち、「寿」の頭の音をしっかり押さえます。

荘厳がない時は、この半分くらいと考えます。

同音
同音
同音
張る

善《ぜん》導《どう》独《どく》明《みょう》仏《ぶッ》《ツ》正《しょう》意《い》

※一つひとつの言葉を押してつなげます。「明」と「仏」の間をしっかり持ち、「仏」の頭の音をしっかり押さえます。

②初重の念仏和讃

南無阿弥陀仏

押さえる
大大中中
繰入れ扱い
押さえる
スッと抜く
あまり強く張らない
押さえる

※正信偈のあと少し間を取って、「高僧説」の「高」の音の高さで念仏の音を取ります。

弥陀成仏《みだじょうぶ》のこのかたは

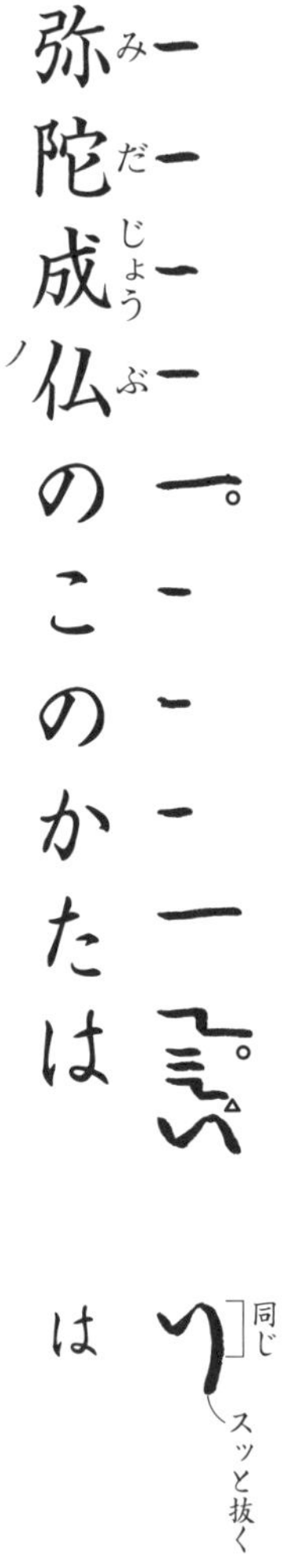

ノ
同じ
スッと抜く

は

③二重の念仏和讃

阿弥陀仏

一定の音

大きく張る

張る

あまり大きく張らない

（荘厳がない場合は張らない）

※助音のムの音を聞き取って、二重を続けます。

アの音の最後を少しはねるようにしてミに続けます。ミでその時の二重の高さを取ります。ミとダを軽くします。

解《げ》脱《だ》の光《こう》輪《りん》きは《わ》もなし

一定の音

④三重の念仏和讃

南無阿弥陀仏

※助音のブの最後の音を取って発声します。ナの最初の部分で三重の格を取ります。

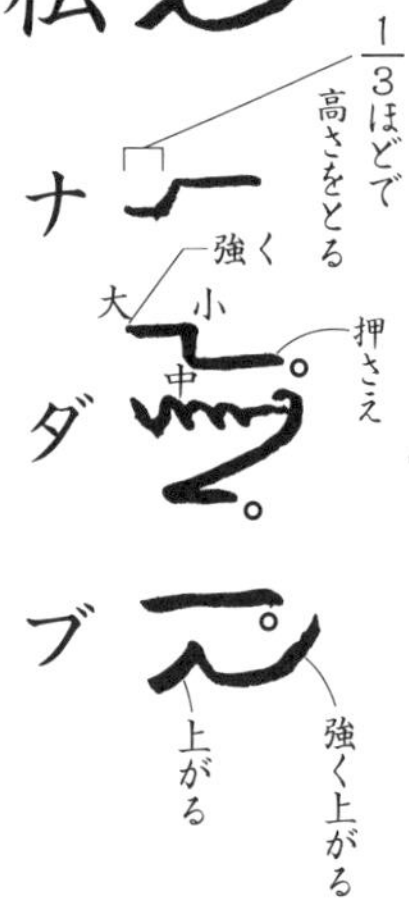

1/3ほどで高さをとる
強く
大
小
中
押さえ
ナ
ダ
ブ
上がる
強く上がる

清浄《しょうじょう》光《こう》明《みょう》ならびなし

同音に戻ったくらいで止める

⑤回向

願《がん》以《に》此《し》功《く》徳《どく》

※ニシクは同じ長さです。

7、その他の回向

世《せ》尊《そん》我《が》一《いッ》心《しん》

※調声の仕方は「願以此功徳」と同じです。

我《が》説《せッ》彼《ぴ》尊《そん》功《く》徳《どく》事《じ》

無淘………音の上げ下げはありません。

五三淘……最後の「事」を張る程度。三淘も同じ。

五淘………最後の「事」を上げます。

八淘………「功」で上げ、最後の「事」で大きく上げます。

4 調声の変化

1、荘厳の有無、場所などによって調声は変化する

前項で、舌々・二淘から真四句目下・八淘までの調声の仕方を説明してきましたが、「草四句目下・三淘だから、こうだ」などととらわれてはいけません。場所に応じて、参詣者に応じて、「草四句目下・三淘だけど、真四句目下・五淘の格でしょう」、「真四句目下・五淘だけど、もう少し格調高くしよう」など、調声人は判断しなければなりません。

また調声は、晨朝は軽く、逮夜・日中は重く勤めます。

さらに、荘厳の有無でも調声は変わります。例をあげると次の通りです。

2、正信偈の調声の変化

帰命無量寿如来

①真四句目下（荘厳有）…………

②真四句目下（荘厳無）…………

③行四句目下（荘厳有）…………

④行四句目下（荘厳有）…………

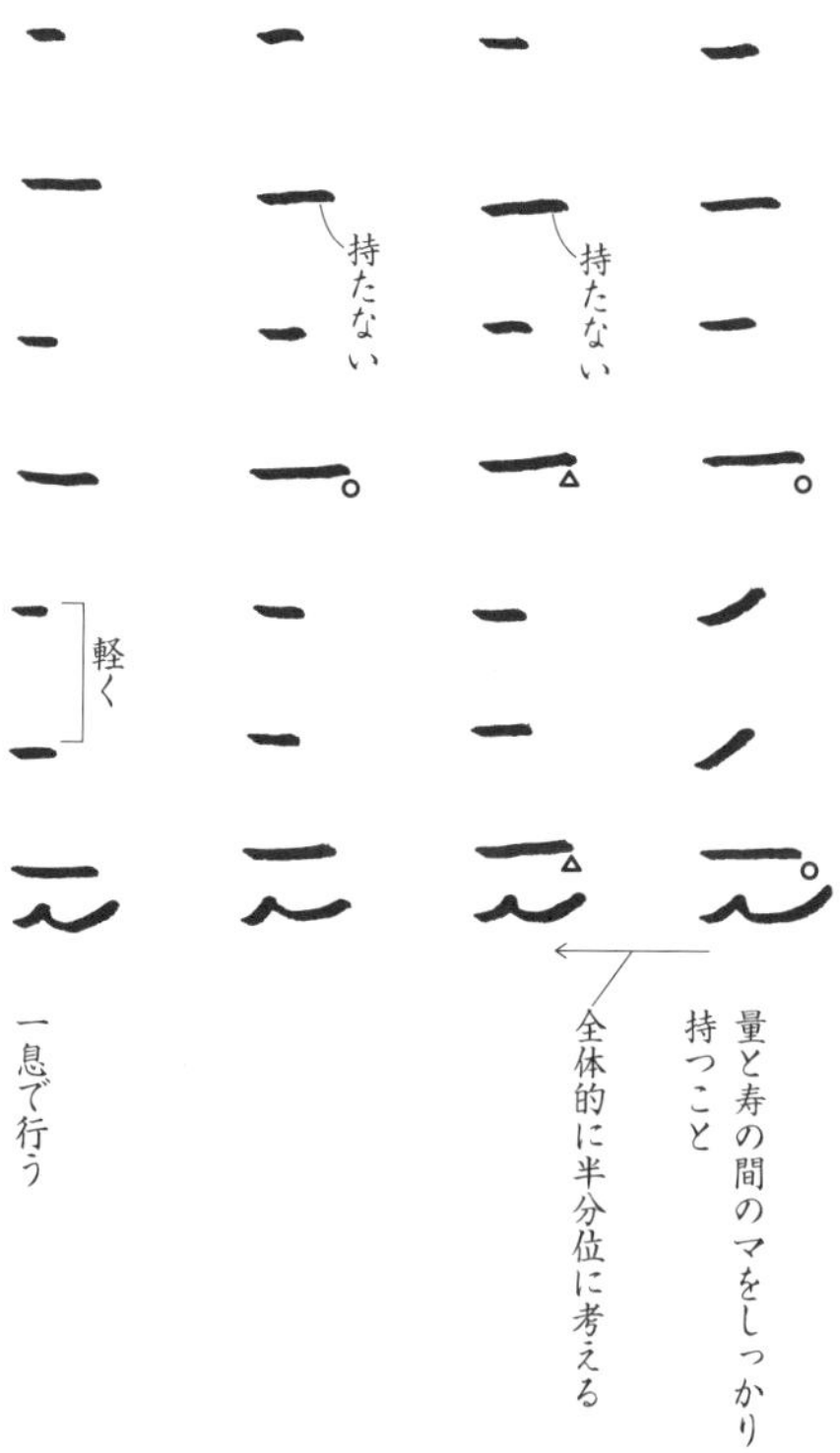
量と寿の間のマをしっかり持つこと
全体的に半分位に考える
持たない
持たない
軽く
一息で行う

⑤草四句目下……
⑥中拍子……

言葉の頭を当たるだけ

3、初重念仏の調声の変化

南無阿弥陀仏

①十　淘……
②八　淘（荘厳有）……
※基本は十淘に同じ

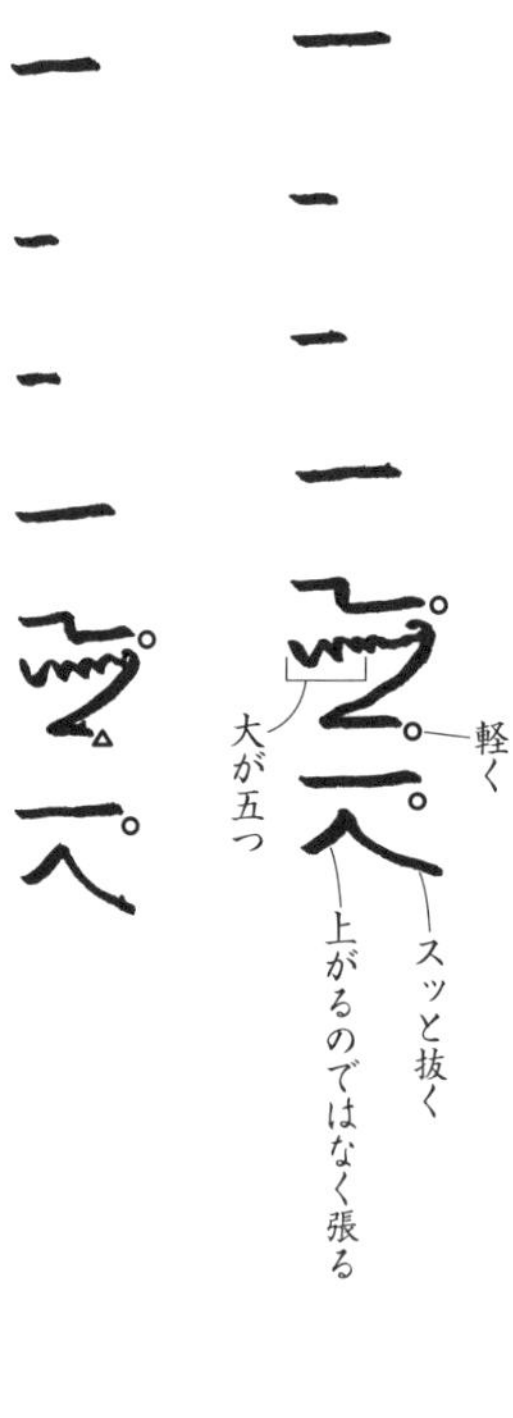
軽く
大が五つ
スッと抜く
上がるのではなく張る

③八　淘（荘厳無）……

④五　淘（荘厳有）

※基本は八淘（荘厳無）に同じ……

⑤五　淘（荘厳無）……

⑥五三淘（荘厳有）

※晨朝は「陀」の繰入れは無し……

⑦五三淘（荘厳無）

※「陀」の繰入れ扱いは無し……

三淘も同じ

⑧三　淘……

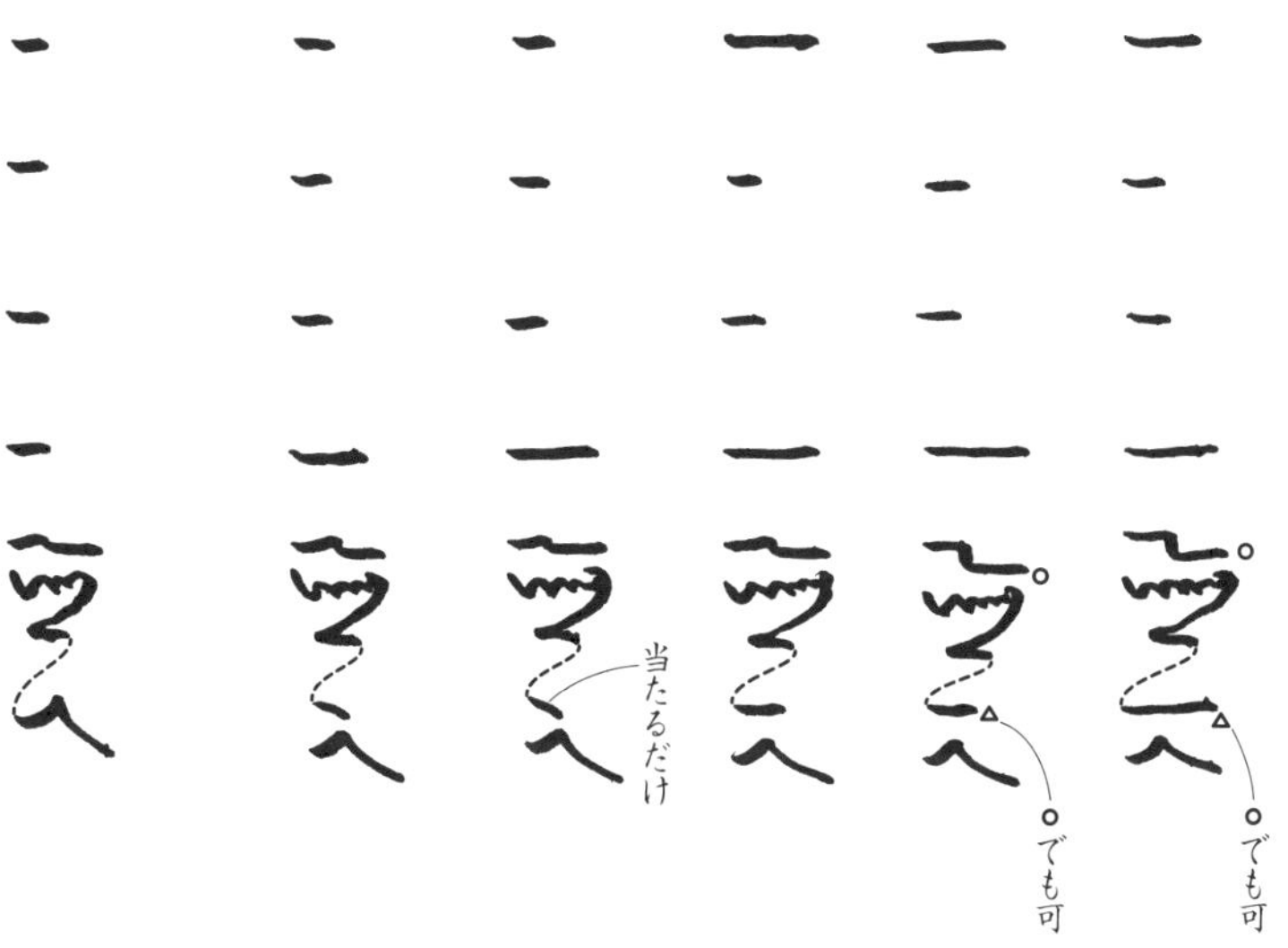

5　念仏・和讃のお勤めの基礎知識

1、お勤めの心得

初重、二重、三重は「序・破・急」の考え方で勤めると言います。「序」はゆったりと、「破」は調子よく、「急」は急ぐのではなく「さくさく」と勤めるものと言われます。

なお、草四句目下・淘三を御門徒と唱和する場合などは、その節符にとらわれるのではなく、真四句目下・五淘の格で行うなどの配慮が必要です。

◎念　仏………三淘以下では、ただ発声するのではなく、阿弥陀仏に呼び掛けるように、ある意味で情緒的に勤めることが必要です。

◎和　讃………七五調ですから、基本は上の七音を重く、下の五音を軽く勤めます。

◎返し念仏……五三淘以上の六首引では必ず付きます。回向の前の念仏ではなく、六首目の和讃に付属したものです。

五遍返、七遍返などがあり、その時の法要の軽重で使い分けます。

2、三淘念仏・和讃の息継ぎの箇所

まず初めに息継ぎの箇所を確かめます。（※◯……息継ぎ）

①初　重

※音の注意点……音の上げ下げは、基本的にはないと考えます。
　　　　　　　上達してからは、若干の音の上げ下げに注意します。

南無阿弥陀仏

南無阿弥陀仏◯

南無阿弥陀仏

南無阿弥陀仏

南無

弥《み》陀《だ》成《じょう》仏《ぶ》のこのかたは

いまに十《じッ》劫《こう》をへたまへ《え》り

法《ほッ》身《しん》の光《こう》輪《りん》きは《わ》もなく
世《せ》の盲《もう》冥《みょう》を照《て》らすなり

②二重

※音の注意点……基本的には節符通りの音の上げ下げをします。

南無阿弥陀仏

南無阿弥陀仏

南無阿弥陀仏

南無阿弥陀仏

南無

解《げ》脱《だ》の光《こう》輪《りん》きは《わ》もなし

光《こう》触《そく》かふ《む》るものはみな

有《う》無《む》をはなるとのべたま《も》ふ《う》
平《びょう》等《どう》覚《かく》に帰《き》命《みょう》せよ

③三　重

※音の注意点……音を下げる箇所を正確に勤めます。

南無阿弥陀仏

南無阿弥陀仏

南無阿弥陀仏

南無阿弥陀仏

南無

清浄《しょうじょう》光明《こうみょう》ならびなし

遇斯光《ぐしこう》のゆへ《え》なれば

一《いッ》切《さい》の業《ごう》繫《け》ものぞこりぬ

畢《ひッ》竟《きょう》依《え》を帰《き》命《みょう》せよ

※二重の四句目や三重の場合、基本的に次の箇所で音を下げます。

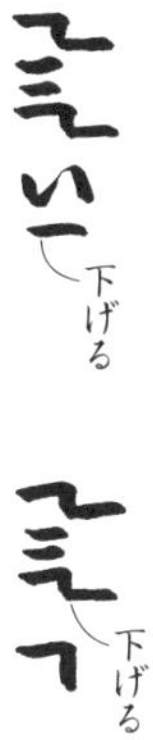

④回向

願《がん》以《に》此《し》功《く》徳《どく》
平《びょう》等《どう》施《せ》一《い》切《さい》
同《どう》発《ほッ》菩《ぼ》提《だい》心《しん》
往《おう》生《じょう》安《あん》楽《ら》国《こ》

我《が》説《せッ》彼《ぴ》尊《そん》功《く》徳《どく》事《じ》
衆《しゅ》善《ぜん》無《む》遍《へん》如《にょ》海《かい》水《し》
所《しょ》獲《ぎゃく》善《ぜん》根《ごん》清《しょう》浄《じょう》者《しゃ》
廻《え》施《せ》衆《しゅ》生《じょう》生《しょう》彼《ひ》国《こ》

3、和讃の扱いで気をつけること

①調声の最後のワリ

調声の最後のところで音を二つに割る場合は、初重と二重では節符の最後の部分を一節だけ割り、三重では二節を割ります。

◎初重の一例〔浄土和讃七〕

宝《ほう》林《りん》宝《ほう》樹《じゅ》微《み》ワ妙《めう》音《おん》ン

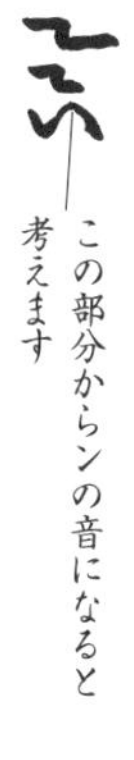
この部分からンの音になると考えます

◎二重の一例〔浄土和讃六〕

妙《みょう》土《ど》広《こう》大《だい》ワ超《てう》数《しゅ》限《げん》ン

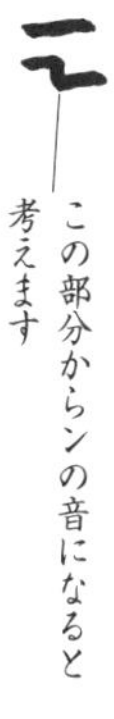
この部分からンの音になると考えます

◎三重の一例〔浄土和讃一〕

仏《ぶッ》《ツ》光《こう》照《せう》《ワ》曜《えう》《ワ》最《さい》第《だい》一《いち》《チ》

この部分からチの音になると考えます

②添《そえ》や同音《どうおん》の扱い

和讃が次第四首や、次第七首、八首となり、添や同音となった場合は、次のような扱いとなります。

二重や三重で添がある場合、添の前の和讃の最後の淘は付きません。しかし、同音がくる場合は、三淘以上の三重では、同音の前の和讃の最後の部分に淘が付きます。

なお、添の発声は調声人が行います。

◎二重の添の一例〔勢至和讃十九〕

一《いッ》《ツ》子《し》のごとく憐《れん》念《ねん》す

添

衆《しゅ》生《じょう》

◎三重の添の一例〔天親和讃三〕

この心《しん》すなは《わ》ち他《た》力《りき》なり

添

無《む》上《じょう》

※添の「生」や「上」など、助音の人に音を渡す場合、ウの音にします。

◎二重の同音の一例〔龍樹和讃二〕

五三淘・三淘

万《まん》善《ぜん》諸《しょ》行《ぎょう》を修《しゅ》せしかど

同音　恩《おん》愛《ない》はなはだたちがたく

五淘

万《まん》善《ぜん》諸《しょ》行《ぎょう》を修《しゅ》せしかど

同音　恩《おん》愛《ない》はなはだたちがたく

◎三重の同音の一例〔勢至和讃十九〕

五三淘・三淘

いまこの娑《しゃ》婆《ば》界《かい》にして

同音

念《ねん》仏《ぶ》ノのひとを摂《せッ》ツ取《しゅ》して

五淘

いまこの娑《しゃ》婆《ば》界《かい》にして

同音

念《ねん》仏《ぶ》ノのひとを摂《せッ》ツ取《しゅ》して

4、調声の特殊な例

たとひ《い》大《だい》＜千《せん》世《せ》界《かい》に

南《な》無《む》不《ふ》可《か》＜思《し》議《ぎ》光《こう》ノ仏《ぶ》

浄《じょう》土《ど》の大《だい》＜菩《ぼ》提《だい》心《しん》は《な》

道《どう》光《こう》明《みょう》朗《ろう》超《てう》《ワ》絶《ぜッ》《ツ》せり

＜＝句の切れるところ

——例に違して、初重の最後の淘前の音が短かい。

5、選び和讃の日

装束・荘厳……平日と同じ

①二十二日（聖徳太子御命日）

　正信偈　中拍子

　念仏讃　三淘

　和　讃　仏智不思議の誓願を　次第六首

②二十五日（源空上人御命日）

　正信偈　中拍子

　念仏讃　三淘

　和　讃　本師源空世にいでて　次第六首

※蓮如上人御命日として勤める場合

装束……黒衣・五条

　正信偈　行四句目下または草四句目下

　念仏讃　五三淘

和　讃　回り口

③二十七日（道綽禅師・善導大師御命日）

正信偈　舌々

念仏讃　二淘

和　讃　本師道綽禅師は　次第三首

大心海より化してこそ　次第三首

6、二淘の特殊な扱い

古来、「本山にては三重より五三にして二淘の格なり　別院は三重三淘にして二淘の格なり」とされてきました。普通寺院においては、初重、二重、三重ともに二淘で勤めます。

また二淘では、浄土和讃「十方微塵世界の」、高僧和讃「末法五濁の衆生の」など、和讃が次第五首で終わっている場合、六首目は勤めず、すぐに回向となります。

6 御経の作法と読法

1、御経について

真宗大谷派では、御経の読誦はあくまで方便であり、蓮如上人は、門徒の日常の勤めは正信偈、念仏・和讃、御文と定められました。

その伝統を守り、真宗本廟での日常は正信偈、念仏・和讃、御文で勤められており、本堂での晨朝の漢音小経は「経に非ず」とされてきました。

2、御経の勤め方

①御経を読む時の装束

御経を読む時の装束は皆白、黒衣（直綴）以上とされており、そのことから読経は僧侶の職分とされます。

②読経時の荘厳

御経は、本尊の前に打敷などの荘厳があって、はじめて勤められます。

※本山で、収骨経が御影堂で荘厳なく勤められていることについて

A、御影堂の六軸の間には『教行信証』六軸が荘厳され、その『教行信証』は浄土三部経の枢要を表すもので、『教行信証』をもとに今現在説法されている宗祖の前で読経することは、本尊の前で読経するのと同様であると考えます。

B、以前は、前卓に「ひっかけ」（不確実）と称する三角形の打敷をして読経していましたが、その打敷も現在は使用されなくなりました。

③経本の形態

経本は、正式には折本・巻物の形のものでなければなりません。

経本の持ち方は、胸前に捧げるように約四十五度の角度で持ち、目線が経本の字句の最上部にくるようにします。

※経本の扱い方は、本書一三九ページ参照。

3、御経の読法

①読法の心得

漢字一字一拍子が基本です。

阿弥陀経では序分最後の「功徳荘厳」、流通分最後の「功徳荘厳」「及諸比丘」「一切世間」「歓喜信受」「作礼而去」などの扱いを注意します。

読む速度は、本来はもう少し遅かったようです。彰如上人の時から現在のような速さとなったようです。どんなに速く読んでも、どこを読んでいるかわかるように読みます。

②御経の読法

御経の読法には、真々読、真読、中読の三種類があります。

真々読は登高座の時、真読・中読は平座の時に用いられます。

中読は通称「二つ切」と呼ばれ、二回目の舎利弗の前で切らず、少しゆっくり読み、舎利弗で元の調子に戻ります。現在は本山でも使用されていません。

③『阿弥陀経』の読法

『阿弥陀経』では、次のような音の高低をとります。

〈序　分〉〈正宗分〉〈流通分〉

1、真々読……　高い・低い・高い

2、真　読……　低い・低い・高い

3、中　読……　低い・低い・低い

④調声と速さの変化

『阿弥陀経』では、次のようになります。

1、序　分

調声人は調声の長さ・高さで、御経を読む速度・高さを定めます。その調声を受け、助音を始めます。

何字目からといった定めはないのですが、速さが定まればその速度を保ちます。

最後の段、「復次舎利弗」から、少し速度を速めます。

最後から二字目の「成就如是」から速度を緩めます。

2、正宗分

調声人は、舎利弗の「利」の音を短く発声し、前段の読法の速さを受けます。
何字目からとの定めはありませんが、前段の速度に戻り、その速度を保ちます。
六方段に入り、読む速度を速めます。
最後の段、「舎利弗」から、更に速度を速めます。
最後から三字目の「若有信者」から速度を緩めます。

3、流通分

調声人は、舎利弗の「利」の音を長く発声し、この段をゆっくり読むことを指示します。

最後の「舎利弗」から速度を緩めます。

※『大谷派儀式概要』（法藏館）の「清濁其他」を参照してください。

⑤御経の調声の仕方

(1) 真読の場合

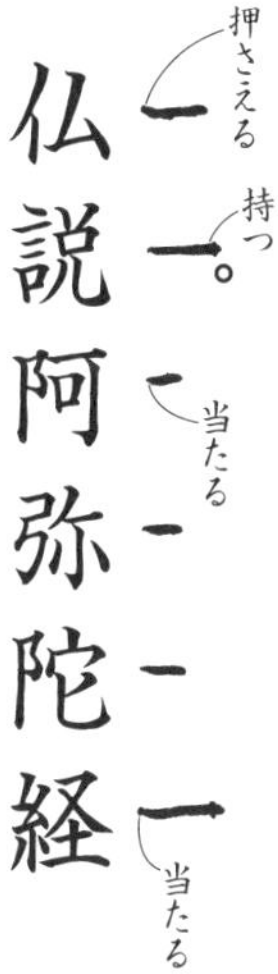

舎利弗

全体的に軽く

舎利弗

全体的に高く重く

※真々読の場合

仏説阿弥陀経

仏説のあとに上げる

仏説無量寿経

上がる

量の節符は繰入れ

仏説観無量寿経

量の節符は繰入れ

(2) 経後念仏・回向

念仏の調声は、御経のあと少し間を持って出します。

念仏に続いて三重念仏を付ける場合は、念仏は低く出します。

また三重念仏が無く、掛和讃を付ける場合はそれより少し高めに出します。

なお、「経後念仏、回向」とする場合は、「ム上げ」の経後念仏、回向とすることが通常です。

※経後念仏はダを長く言います。なお、式間念仏はマを長く言い、これらの節の扱い方は「式マ経ダ」と伝えられています。

※「ナマダブ」のマの音の時、「マン」と言わないように注意します。

※経後短念仏十遍の場合。
十遍までは奇数回。

十遍以上は多数だから自由。

○

ナー（角をたてない）

マー

ダー

ブー

ナー

マー（角をたてる）

ダー

ブー

ナー（丸く）

マー（角をたてる）

ダー

ブー

（以下同じ）

ナーマーダーブー

ナーマーダーブー

ナーマーダーブー

○

ナー

ムー

アー

ミー

ダー 2 1 2 3〜4

（音の長さ）

ナー

ムー

アー

ミー 下

ダー

ナー

ムー

アー

ミー

ダー

ナー

ムー

アー

ミー

4、掛け和讃

①選び方・扱い方

本来は、調声人がその法要に合った和讃を選ぶものです。選ぶ際には、人名が入った和讃や疑惑和讃などは避けます。

また二首目を「添」で扱うか「同音」かは、二首目の一行目を略しても意味が通じる場合は「添」とします。その扱いは導師が決めます。

②「添」の調声の仕方

節符は無視し、最後の音を送って張ります。

V　出仕・作法

1　出仕の流れと作法

①控室にて

法要に合った衣体を正確に身に着け、法要の始まりを心静かに待ち、喚鐘もしくは案内によって後堂に向かいます。

②後堂にて

後堂は堂内ですので、私語を慎み、式事もしくは座支配の案内に従って順に並んで待ちます。

③内陣出仕の仕方

内陣出仕の際には、平日および軽い法要の時は藺草履（板金剛）を、また重い法要の時は挿（草）鞋を履いて出仕します。

出仕に当たっては、上臈出仕の時は後門柱の所で、左右の首座の人は目を見合わせ、お互いに一礼して出仕をし、他の人は左右の首座の人に従って順次出仕をします。この場合、左右の首座以外の人は一礼の必要はありません。

楽が入り下臈出仕の時は、式事または座配の指示に従って、各人は後門柱の所で目を見合わせ、軽く一礼ののち出仕します。

上臈出仕の時、内陣を進む場合は、出仕は中央から竪畳寄りを、退出は須弥壇寄りを歩みます。ただし入楽法要で下臈出仕・下臈退出の場合はその反対となり、須弥壇寄りに出仕をし、退出は竪畳寄りとなります。考え方としては、竪畳に座っている人の直前を通らないということです。

自分の着座すべき場所まで進んできたら、その畳の前で座礼（竪畳の前で自席に向かい軽く一礼すること）をし、外陣の方に向かって（お尻が外陣の方に向かないように）回転し着座します。この時、内陣の祖師前側と御代前側とでは、回転の仕方が左右反対となりますので注意してください。

④藺草履の脱ぎ方・履き方

◎脱ぎ方

1、出仕の際は、前記のように座前で座礼し回転した後、両足のかかとが竪畳に付くぐらいの位置で足を揃えて立ちます。

2、右足から藺草履を脱いで、竪畳に置きます。

3、左足も脱いで竪畳に上がり、後退して着座します。

◎履き方

1、退出の際は、起座した後に軽く装束を整えて、左足から藺草履を履きます。

2、次に右足も履き、左足から歩み出します。

⑤挿鞋の脱ぎ方・履き方

◎脱ぎ方

1、座礼（竪畳の前で自席に向かい軽く一礼）の後、竪畳に向いたまま、やや両足の間を開いて立ちます。

2、まず右足から脱いで、右足を挿鞋の間の地板に置きます。

3、次に左足を脱いで竪畳の上に置きます。

4、右足も竪畳に進め、それから外陣の方に向かって回転して着座します。

この時も、祖師前側と御代前側では、回転の仕方が反対になるので注意してください。

◎履き方

1、回向調声の後、首座の人にならって、中啓で挿鞋を直します。

2、退出の際は、起座した後に軽く装束を整えて、まず右足を挿鞋の間の地板に置きます。

3、次に左足より挿鞋を履きます。

4、右足を履いて、左足より歩み出します。

⑥内陣退出の仕方

回向が終わり総礼ののち、全員揃って座礼を行い、上臈より退出の時は、首座の人は御代前首座の人とお互いに目を合わせてタイミングを取り起座しますが、次の人からは上席の人が履物を履く頃を見計らって起座し退出し、向かいの人とタイミングを合わせる必要はありません。

なお、下臈退出の場合の起座退出は、式事または座支配の指示に従います。

⑦後座出仕・退出の仕方

その心構えにおいては全く内陣出仕の時と同様ですが、余間の竪畳に着座する場合は、すべて藺草履、挿鞋などの履物は用いず、席の後ろの地板を通り、後ろより畳に上がって着座するのが作法です。

出仕の際は、内陣出仕の次に、図25のように後門より一列に、上席の人より順次、壇際を通り出仕をし、外陣寄りを首座に着座します。着座の時は左足から畳の上に上がります。

退出の際は、着座の時と反対の動作で、最前列の首座より起座し、右足より後退して席の後ろの地板を通り、壇際を通り後門へ退出します。二番目、三番目の人も必ず順番に起立し、一列となって退出します。このように前列の退出が終わる頃を見はからい、次列の人たちも首座の人より順次起立し後退して退出します。

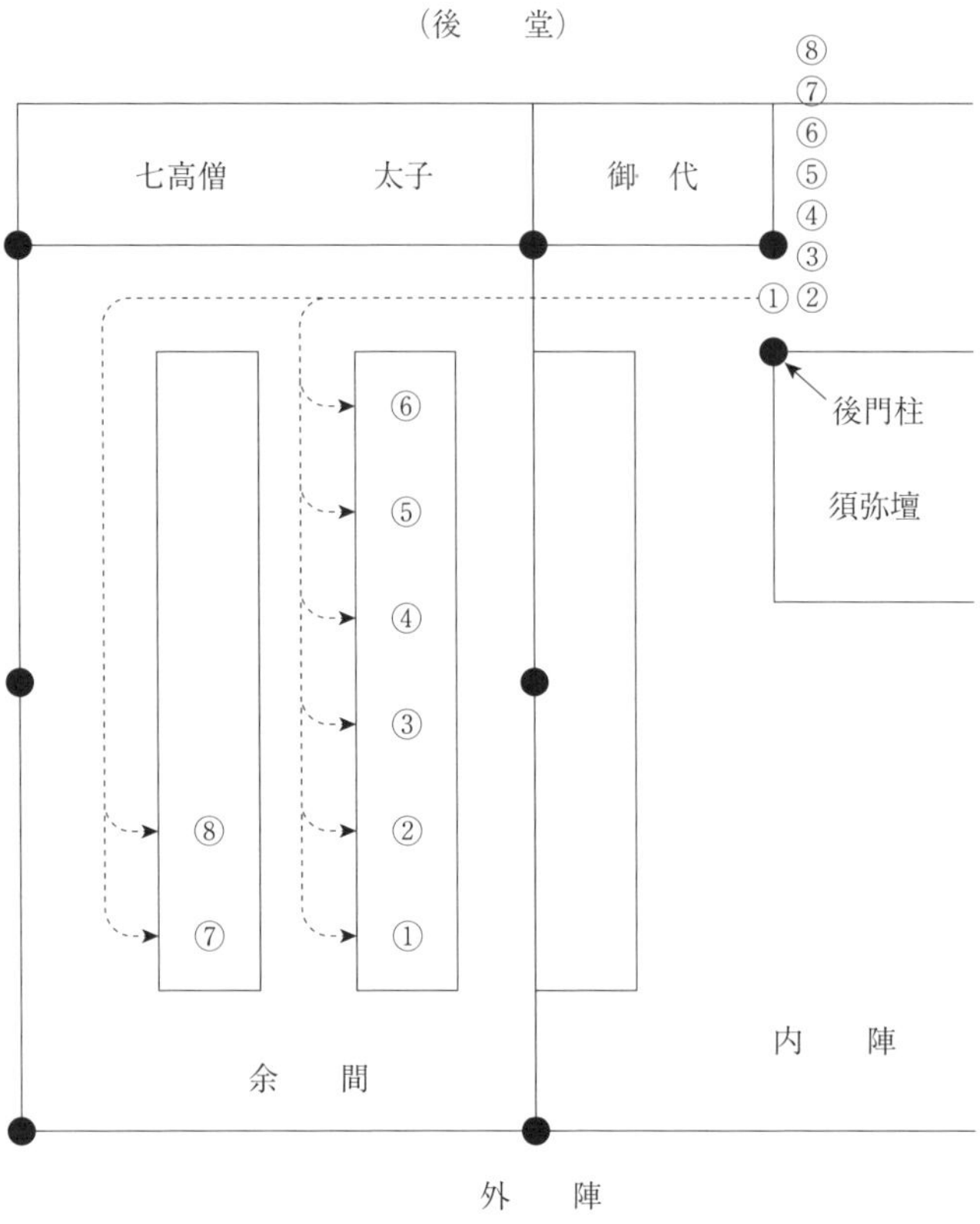
（後　　堂）
七高僧
太子
御　代
⑧
⑦
⑥
⑤
④
③
①②
後門柱
須弥壇
⑥
⑤
④
③
⑧ ②
⑦ ①
余　　間
内　　陣
外　　陣
図25　後座出仕の流れ

2　出仕時の各種作法

①着座の仕方

直綴（黒衣）、色直綴を着用した時は、着座する際（中啓を持っている時は、その中啓を落とし置いてから）、姿勢を崩すことなく、両手で裳の上前と下前を探り裳を少し開いて、着座します。

裳附の場合は、両手で左右の裳の上部のあたりを少し引き上げながら着座すると、自然に前が少し開きます。

※正座の仕方

両かかとを開き、両足の親指を重ねるようにして正座します。膝はこぶし二つが入るほど開きます。お尻を両かかとの間に入れ、背筋を伸ばします。体の中心をおへそのあたり、少し前寄りに置きます。

足がしびれると足を動かしがちになりますが、なるべく我慢し、起座する前に両足を土踏まずで組むようにして、膝にゆとりを持たせ、血行を促します。血行が戻れば足のしびれは収まります。それでもしびれる場合は、足首のところで両足を組むようにします。

しびれが収まる時間を経験で把握し、起座の何分前に足を組み替えればよいかを知っておきます。

起座する時は、両方のかかとをまず立てますから、しびれて両足首が曲がらない時は無理をして立ってはいけません。

②起座の仕方

まず正座の姿勢から両方のかかとを立てます。次に左足（左膝）を少し上げてから立ち上がります。中啓のある時は、先に右手でこれを取り、起ち上がります。

③総礼の仕方

首座の人は、出仕者全員が着座したのを見はからって合掌をします。

首座の人が合掌を解くのを見て、磬が鳴るか、または伽陀が発声されますので、その他の出仕者はその磬の第一打もしくは伽陀の発声を聞いて合掌を解きます。

最後の総礼の時は、その他の出仕者は首座に合わせて合掌し、首座に合わせて巡讃の人が和讃を閉じて再び合掌するまでそのままでいて、首座が合掌を解くのを見てから合掌を解きます。

④御経の扱い方

卓上の折経または巻経を取り、導師に合わせて頂戴します。導師が姿勢を正し表紙を開き終わるのを待って、磬の最初の一打が鳴ります。導師以外の人は磬一打を聞くまで頂戴した姿勢のままで、磬一打を聞いてから、体を起こし一斉に御経を開きます。

読経に際しては、御経を胸の前あたりに捧げ持ち、折本の場合は四ページに開いて常に二ページ三ページ目を読むようにして、三ページの終わりに近くなるとページをめくり読み進みます。巻経の場合は、頂戴したのち肩幅程に開き、常に読む場所が中央になるように左右の手を動かして巻き進めます。読経の後は導師に合わせて全員で頂戴して卓の上に戻します。

⑤和讃の扱い方

調声人は初重念仏の調声を終わって、最上部の和讃の手前両端を左手、右手の順に持ち引き寄せ、左手に載せ右手で字指しの入っている箇所を目当てに普通に本のページをめくるように開き、これを両手に持ち替えて、卓上の残余和讃の上に三センチばかり手前に引き出して載せます。

調声人以外の巡讃の人は、第一首目の和讃の第三句目の中淘に至って一斉にこれを開きます。開き方および載せ方は前記と同様です。

次のページを開く時は、初重と三重では念仏の三遍目の「南無阿弥陀仏」の「阿」のところで、二重は念仏の三遍目の「南無阿弥陀仏」の「陀」のところで、調声人以下一斉に、右手でこれを開きます。

出仕者が二人以上いて、和讃を順番に読むことを巡讃と言います。初めの和讃を初讃と言い、初讃は祖師一が行うのが決まりです。

和讃が六首の場合、二人の時は　祖師一と御代一に座り、交互に発声します。三人の時は祖師側に二人、御代側に一人が座り、祖師一、御代一、祖師二と順に発声します。四人の時は祖師側と御代側に二人ずつ座り、祖師一、御代一、御代二、祖師二と発声することになりますが、五人の時は祖師側に二人、御代側に三人座り、祖師一、御代一、御代二、御代三、祖師二の順になります。六人の時は祖師側に三人、御代側に三人座り、順に発声します。

出仕者が二人から五人の時など、巡讃が祖師一へ戻ることを「サヘン」と言います。再返もしくは讃返の漢字を当てます。次第案内の時に、目上の人に対しては「ゴサヘンでございます」、それ以外には「サヘンでおねがいします」と案内します。

なお、浄土和讃「十方微塵世界の」の六首目として「弥陀の名号となえつつ」、高僧和讃「末法五濁の衆生の」の六首目として「五濁悪世の衆生の」の和讃を読む場合、六首目が次のページにありませんので和讃は五首目のままにして、六首目は暗誦することになっています。

勤行が終わり和讃を閉じる際は、総礼の時、磬の響きのおよそ消える頃を見はからい、調声人の動きに合わせて合掌を解き、両手で和讃を閉じて、下部の和讃に正しく重ねそろえ、再度合掌します。

⑥寸珍の扱い方

内陣出仕者は、原則として開きません。

寸珍（声明本）は、単に自分の目安、または心覚えまでに持つものですので、膝上で目立たぬように開き見るものです。

⑦中啓の扱い方

中啓は着座の時、右膝の斜め前あたりに落とし置くものです。

遅参して余間に着座する場合や、登高座して復座した場合などは、音をさせず静かに置きます。

Ⅵ　年忌法要の式次第

1　御門徒の年忌法要

装束の基本は、黒衣五条とされます。

しかし地方によっては、法要の軽重により色直綴、裳附を使用する場合もあります。この場合、華美にならないように注意すべきです。

また、間衣で御経を勤めないようにもすべきです。蠟燭は赤色のものを用います。

1、基本次第

①基本形Ⅰ

総　礼
伽　陀　……後の御経に合わせて先請弥陀、瓔珞経中、万行之中の中から選びます。
表　白
御　経　……仏説無量寿経、仏説観無量寿経、仏説阿弥陀経の中から選びます。
短念仏十遍……経後ですから、偈後の念仏との違いを明確にします。

また「十遍」の意味は「数多くの」という意味です。

三重念仏　……五三淘もしくは三淘

掛和讃　……御経または法要の意味に合わせて選びます。

　添　……前の和讃を受けたものです。

回　向　……願以此功徳

総　礼

②基本形Ⅱ（①から表白を抜いた形）

総　礼

伽　陀

御　経

短念仏十遍

三重念仏

掛和讃

　添

回　向

総　礼

③基本形Ⅲ（①から伽陀・表白を抜いた形）

総　礼

御　経

短念仏十遍

三重念仏

掛和讃

添

回　向

総　礼

④基本形Ⅳ（①から伽陀・表白・三重念仏を抜いた形）

総　礼

御　経

短念仏十遍

掛和讃
　添
回　向
総　礼

⑤基本形Ⅴ（①から伽陀・表白・三重念仏・掛和讃・添を抜いた形）
総　礼
御　経
経後短念仏……この場合は経後念仏で、通称「ム上げ」と言われるものです。
回　向　……経後の回向で、五三淘・三淘の回向ではありません。
総　礼

⑥基本形Ⅵ
基本形Ⅰ、Ⅱ、Ⅲの「短念仏十遍、三重念仏、掛和讃・添」を、基本形Ⅳでは「短念仏十遍、掛和讃・添」を、同朋唱和形式で正信偈草四句目下・和讃三首引、または同朋奉讃式で勤めます。

2、年忌法要を二つ同時に勤める場合

①基本形Ⅰ

総　礼
伽　陀
表　白
御　経　　仏説無量寿経または仏説観無量寿経
経後短念仏……ム上げ（鏧入り）
総　礼
御　経　　仏説観無量寿経または仏説阿弥陀経
短念仏十遍
三重念仏
掛和讃
　添
回　向

総　礼

②基本形Ⅱ

総　礼
伽　陀
表　白
御　経　仏説無量寿経または仏説観無量寿経（読み切り）
総　礼
御　経　仏説観無量寿経または仏説阿弥陀経
短念仏十遍
三重念仏
掛和讃
　添
回　向
総　礼

③**基本形Ⅲ**

総　礼

伽　陀

表　白

御　経　仏説無量寿経（読み切り）

御　経　仏説観無量寿経または仏説阿弥陀経

短念仏十遍

三重念仏

掛和讃

添

回　向

総　礼

④**基本形Ⅳ**

基本形Ⅰ～Ⅲの「短念仏十遍、三重念仏、掛和讃・添」を、同朋唱和形式で正信偈草四句目下・和讃三首引、または同朋奉讃式で勤めます。

2　寺院法要の式次第

寺院住職の法要次第です。坊守、寺族の場合は、これを参考に決めます。

装束は、法要の形式に合わせて「裳附五条、差貫」、「裳附五条」、「色直綴五条」、「黒衣（直綴）五条」のいずれかに決めます。

また、七回忌以上では、起立散華を用いることもあります。

1、年忌法要の次第

①五十回忌など重い法要の次第（登高座を用いる場合）

先　出仕

次　総礼

次　伽陀　稽首天人

　登高座

次　表白

次　伽陀　万行倶廻
　　下高座
次　伽陀　先請弥陀
　　登高座
次　御経　仏説無量寿経　　　音木有之
次　伽陀　直入弥陀
　　下高座
次　総礼
次　願生偈
　　念仏讃　淘五
　　和　讃　初重
　　　　　　二重
　　　　　　三重
次　回向　願以此功徳
次　総礼
次　退出

以上

※願生偈の部分を、同朋唱和形式で正信偈草四句目下・和讃三首引、または同朋奉讃式で勤める場合もあります。

②五十回忌など重い法要の次第（登高座を用いない場合）

先　出仕

次　総礼

次　伽陀　先請弥陀

次　表白

次　御経　仏説無量寿経　音木有之

次　総礼

次　願生偈

念仏讃　淘五

和　讃　初重

二重

三重

次　回向　　願以此功徳
次　総礼
次　退出

以上

※願生偈の部分を、同朋唱和形式で正信偈草四句目下・和讃三首引、または同朋奉讃式で勤める場合もあります。

③五十回忌と二十五回忌など二つを同時に勤める法要次第
（登高座を用い、経導師を二人にする場合）

先　出仕
次　総礼
次　伽陀　稽首天人
　　登高座
次　表白
次　伽陀　万行倶廻
　　下高座

次　伽陀　先請弥陀

登高座

次　御経　仏説無量寿経　　　　　　　　　　音木有之

次　伽陀　瓔珞経中

下高座

登高座

次　御経　仏説観無量寿経　　　　　　　　　音木有之

次　伽陀　直入弥陀

下高座

次　総礼

次　願生偈

念仏讃　淘五

和　讃　初重

二重

三重

次　回向　願以此功徳

次　総礼

次　退出

以　上

※願生偈の部分を、同朋唱和形式で正信偈草四句目下・和讃三首引、または同朋奉讃式で勤める場合もあります。

④五十回忌と二十五回忌など二つを同時に勤める法要次第

（登高座を用い、表白を一人目の経導師に委ねる場合）

先　出仕

次　総礼

次　伽陀　稽首天人もしくは先請弥陀

登高座

次　表白

次　御経　仏説無量寿経　音木有之

次　伽陀　瓔珞経中

下高座

登高座

次　御経　仏説観無量寿経　　音木有之

次　伽陀　直入弥陀

下高座

次　総礼

次　願生偈

念仏讃　淘五

和　讃　初重

二重

三重

次　回向　願以此功徳

次　総礼

次　退出

以　上

※願生偈の部分を、同朋唱和形式で正信偈草四句目下・和讃三首引、または同朋奉讃式で勤める場合もあります。

⑤五十回忌と二十五回忌など二つを同時に勤める法要次第（登高座を用いない場合）

先　出仕

次　総礼

次　伽陀　先請弥陀

次　表白

次　御経　仏説無量寿経　音木有之　……（読み切り、もしくは経後短念仏）

次　総礼

次　御経　仏説観無量寿経　音木有之

次　総礼

次　願生偈

念仏讃　淘五

和　讃　初重

二重

三重

次　回向　願以此功徳

次　総礼

次　退出

以　上

※願生偈の部分を、同朋唱和形式で正信偈草四句目下・和讃三首引、または同朋奉讃式で勤める場合もあります。

⑥起立散華を用いて勤める場合の一例

先　出仕
次　総礼
次　伽陀　稽首天人
　　登高座
次　表白
次　伽陀　万行倶廻
　　下高座
次　伽陀　先請弥陀
　　登高座
次　御経　仏説無量寿経　音木有之

次　伽陀　若聞此経
　下高座
次　伽陀　万行之中
　登高座
次　御経　仏説阿弥陀経
　起立散華
次　伽陀　直入弥陀
　下高座
次　総礼
次　正信偈　草四句目下（同朋唱和）
　念仏讃　淘三
　和　讃　初重　弥陀成仏のこのかたは
　　　　　二重　解脱の光輪きはもなし
　　　　　三重　清浄光明はかりなし
次　回向　願以此功徳
次　総礼

次　退出

以上

2、法要次第の具体例

①法要次第の参考例Ⅰ

先　出仕

次　総礼

次　伽陀　稽首天人

登高座

装束案内、差定案内

出仕案内、巡讃案内

総香

両尊前・法名前立燭

両尊前・法名前焼香用意

住職が登高座（直登壇）

焼香

次　表白

次　伽陀　万行倶廻

下高座

次　伽陀　先請弥陀

登高座

住職は下高座

①表白を引く（祖）

②柄香炉を引き、同じく出す（代）

③火舎香炉・香合替え（祖代）

④御経箱を出す（代）

⑤数衣（代）香炉箱（祖）を出す

⑥座具を出す

⑦賦華籠

⑧挿鞋直し

⑨案内

経導師は登高座

焼香

三礼中に配経

次　御経　仏説無量寿経　音木有之
次　御経　仏説阿弥陀経
　　　起立散華
次　伽陀　直入弥陀
　　　下高座
次　総礼
次　正信偈　草四句目下（同朋唱和）
　　念仏讃　淘三
　　和　讃　初重　弥陀成仏のこのかたは
　　　　　二重　解脱の光輪きはもなし
　　　　　三重　清浄光明はかりなし
次　回向　願以此功徳
次　総礼

読切り、または短念仏止
導師の華籠を出す
導師の華籠を引く
導師復座の後に撤経・撤華籠
御経箱、数衣、香炉箱、座具は飾置
配卓
撤卓
（挿鞋直し）

次　退出

以上

※「(祖)」は祖師前側、「(代)」は御代前側という意味で、係役が出入する側を表します。

また、挿鞋直しに（　）がついているのは、本来は挿鞋直しは自分でするものだからです。

②法要次第の参考例Ⅱ

装束案内、差定案内

出仕案内、巡讃案内

総香

両尊前・法名前立燭

両尊前・法名前焼香用意

先　出仕

次　総礼

次　伽陀　稽首天人

登高座　住職が登高座（直登壇）

焼香

次　表白

次　伽陀　瓔珞経中

次　御経　仏説観無量寿経　　　音木有之

次　伽陀　若聞此経

下高座

次　伽陀　先請弥陀

登高座

住職は下高座

①表白・御経箱を引く（祖）

②柄香炉を引き、同じく出す（代）

③火舎香炉・香合替え（祖代）

④御経箱を出す（代）

⑤数衣（代）香炉箱（祖）を出す

⑥座具を出す

⑦賦華籠

⑧挿鞋直し

⑨案内

経導師は登高座

焼香

三礼中に配経

次　御経　仏説阿弥陀経

起立散華　　導師の華籠を出す

導師の華籠を引く

次　伽陀　直入弥陀

下高座　　導師復座の後に撤経・撤華籠

御経箱、数衣、香炉箱、座具は飾置

次　総礼

次　正信偈　草四句目下（同朋唱和）　　配卓

念仏讃　淘三

和　讃　初重　弥陀成仏のこのかたは

二重　解脱の光輪きはもなし

三重　清浄光明はかりなし

次　回向　願以此功徳　　撤卓

（挿鞋直し）

次　総礼
次　退出

以上

Ⅶ　寺院での葬儀式

1　各次第と作法

1、御遺体の処置

書院または広間の床の間に絵像本尊を掛け、その前に三具足をそろえた卓、菊灯台一対を置きます。三具足はなるべく紫金胴製のものを用い、灯明をつけ燃香します。花は樒を一本に束ねたものを用い、御遺体をその前に移します。

広間に床の間がない時は、金屏風を用い、絵像本尊を掛けます。また広間にお内仏がある場合は、お内仏をその代わりにすることもできます。

御遺体は、床の間の絵像本尊を西と考え、頭北面西に直し、白服でこれを覆い、白帛の面布で顔を覆います。

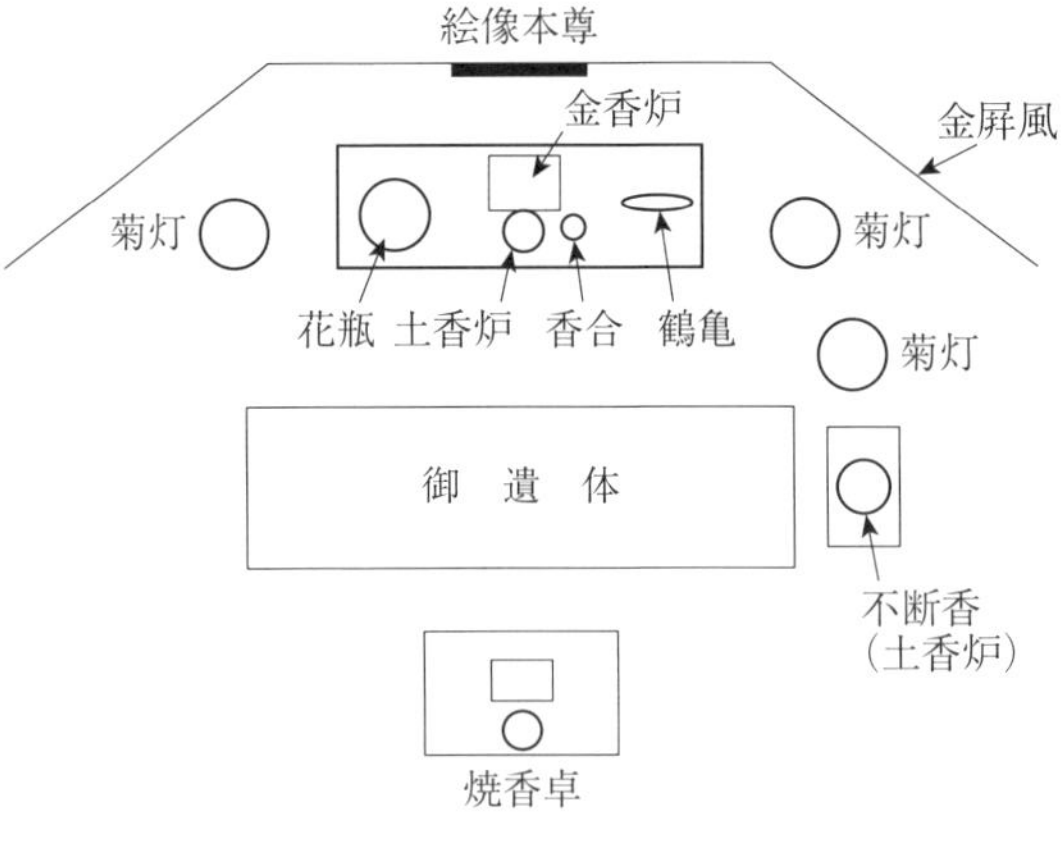

図26　御遺体を安置する部屋の荘厳

2、枕直しの勤行

前記の準備を整え、御遺体の前で枕直しの勤行を行います。

◎装束…………黒衣（直綴）・青袈裟または墨袈裟・白服

◎勤行次第……正信偈　舌々

短念仏（舌々後短念仏）

○なー
んー
だー
ぶー

なー
んー
だー
ぶー

なー
んー
だー
ぶー

○なー
んー
だー
ぶー

なー
んー
だー
ぶー

なー
んー
だー
ぶー

なー
んー
だー
ぶー

なー
んー
だー
ぶー

なー
んー
だー
ぶー

なー
んー
だー
ぶー

なーんーだーぶー　○なヽむーあーみヽだヽぶー

なーんーだーぶー　なーむーあーみーだーぶー

なーんーだーぶー

回　向　願以此功徳（無渹）――（チャチャンの磬）（本書一九八頁参照）

勤行が終わって後、遺族は焼香卓で焼香します。

※朝暮の勤行時には、御本尊前は燃香（線香）だけで、立燭はしません。勤行次第は枕直し勤行と同じです。

※御仏供は本堂の通りで、朝の勤行過ぎに備え、正午に御控えします。

3、入　棺

あらかじめ奉書紙に棺書を図27のように書き、棺の蓋裏に張り付けます。

入棺に際しては御遺体を清め、服を改めます。御遺体の装束は、僧籍があれば色直綴または黒

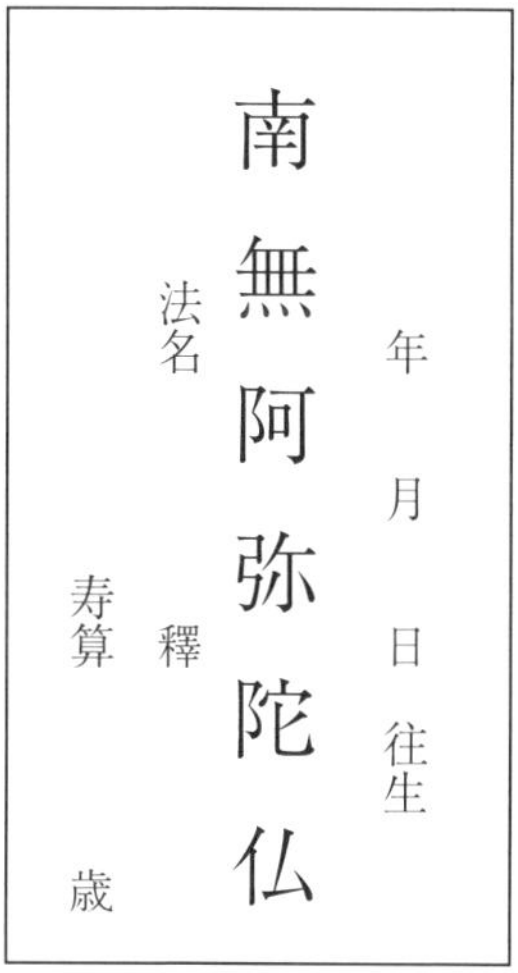

図27　棺書

衣（直綴）五条、もしくは黒衣（直綴）・青袈裟（墨袈裟）とし、念珠・中啓を持たせます。

入棺が終わりましたら、七条袈裟で棺を覆います。横被は胸あたりに掛けます。これは「こちらが上半身です」という意味です。白縁（しろべり）の薄畳（うすべり）の上に棺を直します。この時、修多羅を置く必要はありません。

入棺の勤行次第は、枕直し勤行と同じです。

4、お別れ勤行

葬儀当日、葬儀時刻前にお別れの勤行を行います。お別れ勤行の次第も、枕直し勤行と同じです。

5、出棺勤行

◎装束………導　師　袍裳（裳附）七条袈裟
　　　　　　喪　主　喪服（麻、鈍色の裳附五条袈裟差貫）
　　　　　　参勤僧侶　裳附五条袈裟差貫もしくは黒衣五条袈裟
　　　　　　親戚僧侶　裳附五条袈裟差貫もしくは黒衣五条袈裟
　　　　　　助音僧侶　裳附五条袈裟差貫もしくは黒衣五条袈裟

◎勤行次第……十四行偈（勧衆偈）
　　　　　　　短念仏　十遍
　　　　　　　回　向　我説彼尊功徳事

偈文の「世尊我一心」の調声が終わると、遺家族は焼香します。焼香の人数により短念仏をのばします。

出棺勤行が終わって、棺を輿に乗せ、肩入れ式を行います。

出列。列の順番は助音僧侶・親戚僧侶・参勤僧侶・導師・お棺・喪主・遺族・近親者・責任役員・総代となります。

出列の用意を終えて三匝を打ち出し、出列が始まると路念仏を一回勤めます。

葬場に到着して、鈴を一つ鳴らし路念仏を一回勤めます。

6、葬場勤行

①葬場の荘厳

御棺を本堂外陣の正面に移します。御棺は外陣正面に白縁の畳を敷き、その上に置きます。内陣・余間すべての灯明をつけ、土香炉に線香を点します。両尊前に蠟燭を立てますが、焼香はしません。

御花は無色花にし、打敷・華束などは用いません。ただし、時間・人員の都合によっては打敷をあらかじめしておいてもいいと思います。

野卓　三具足
打敷　白地に金または銀摺の蓮華唐草模様（華美でないもの）
水引　萌黄地金欄または白茶地金欄など（華美でないもの）
花　紙花（四華）と言い、金銀または白の厚紙を段切とし竹に巻いたもの
華束　杉盛華束一具
根菓餅　一対または二対

蠟燭　銀濃

葬場の荘厳は図28の通りです。

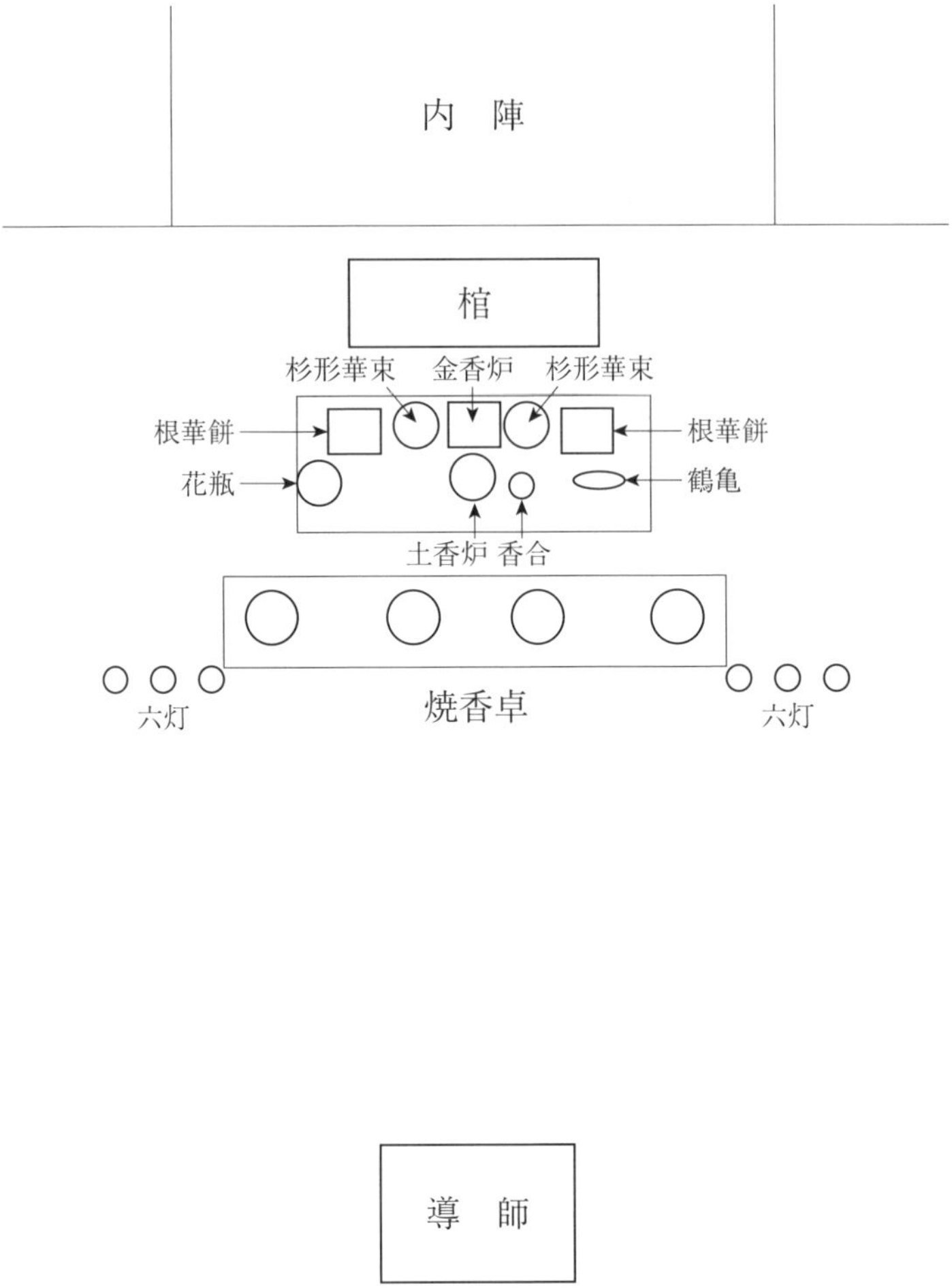
内　陣
棺
杉形華束
金香炉
杉形華束
根華餅
根華餅
花瓶
鶴亀
土香炉
香合
六灯
焼香卓
六灯
導　師

図28　葬場の荘厳（外陣荘厳）

図29　寺院での葬場荘厳の例（内陣荘厳）

図30　寺院での葬場荘厳の例（外陣荘厳）

②勤行次第　例Ⅰ

先　三匝打出し（三匝中に導師焼香）

正信偈　中読または真読（五劫思惟の調声のあと喪主以下焼香）

短念仏　十遍（焼香者の数により増減）

三重念仏　淘五または淘五三

掛和讃

　添

回　向　願以此功徳

③勤行次第　例Ⅱ

先　三匝打出し（三匝中に導師焼香）

正信偈　中読または真読（五劫思惟の調声のあと喪主以下焼香）

念仏讃　淘五または淘五三

和　讃　初重

　　二重

　　三重

回　向　願以此功徳

7、お別れ勤行・出棺勤行・葬場勤行の別の勤め方

①勤行次第　例Ⅰ

寺の規模などの理由で前記6までの式次第ができない場合、次のような方法があります。

通夜までは広間で行います。葬儀当日の時刻前にお別れの勤行を行い、本堂正面に設けた野卓に御遺骸を移し、出棺勤行につづいて葬場勤行を勤めます。

野卓の荘厳、勤行次第は前記の通りです。

②勤行次第　例Ⅱ

例Ⅰと同じ理由の場合、次のような方法もあります。

葬儀前々日までの通夜は広間で行います。葬儀前日の通夜の時刻前にお別れの勤行を行い、本堂正面に設けた野卓に御遺骸を移し、通夜を勤めます。葬儀当日は、出棺勤行につづいて葬場勤行を勤めます。

野卓の荘厳、勤行次第は前記の通りです。

8、灰葬勤行

本来は、葬場で火葬が終わった後、野卓の上の根菓餅をはずし、杉盛華束のみを備え、花瓶を紙花から樒に立替え、立燭、焼香の上、勤めるものです。

御遺骨は野卓の上、金香炉の向うに置きます。

この場合の勤行次第は次の通りです。

◎勤行次第……正信偈　中読（五劫思惟の調声のあと喪主以下焼香）
　短念仏　十遍（焼香者の数により増減）
　三重念仏　淘五または淘五三（略してもよい）
　和　讃　無始流転の苦をすてて（添）恩徳
　　　　　または　弘誓のちからをかふらすは（添）浄土
　回　向　願以此功徳

◎装束……黒衣（直綴）・青袈裟（墨袈裟）

※現在は、本来の葬場がありませんから、還骨勤行と一緒に勤める傾向が強いようです。

9、還骨勤行

①本堂の荘厳・勤行次第

御遺骨を火葬場・葬場から持ち帰り、本堂において勤めます。

両尊前に打敷を掛け、杉盛華束を一具ずつ備えます。打敷は、上卓、前卓、祖師前とも、紅紫ならびに本山紋付のものを除き、白地、萌黄地、鼠地、茶地などの金襴または緞子地など華美でないものを用います。水引も同じです。御花は、中陰中も同じく、木華（無色花）を用います。

御遺骨は、骨箱を白帛で包み小四方の上にのせ、前卓の上、土香炉の向うに置きます。

内陣余間ともに総灯明、総香の上、両尊前に銀蠟（または白蠟）を立て、焼香します。

勤行次第は次の通りです。勤行が終わると、御遺骨を中陰壇に移します。

◎勤行次第……正信偈　草四句目下

念仏讃　淘五三または淘三

和　讃　浄土の大菩提心は　次第六首

回　向　我説彼尊功徳事

◎装束……黒衣（直綴）・青袈裟（墨袈裟）

②中陰壇の荘厳・勤行次第

中陰壇は本堂余間、書院、広間など適当な場所を選び、正面中央に似影または法名を掛け、三具足を備えた卓、菊灯台一対を置きます。打敷を掛け、杉盛華束一具、根菓餅一対または二対を杉盛華束の両側に備えます。

法名は、本表装ができるまで仮表装を用います。

打敷は、白地緞子または萌黄地、茶地などの金欄の華美でないものを用います。

御花は樒を一本に束ねたものです。

御遺骨は、似影または法名の前に置きます。

銀蠟（または白蠟）を立て、焼香します。

勤行次第は次の通りです。

◎勤行次第……願生偈

　念仏讃　淘三

　和　讃　弥陀成仏のこのかたは　次第三首

（以後、毎座、和讃は引き続いての回り口となります）

　回　向　願以此功徳

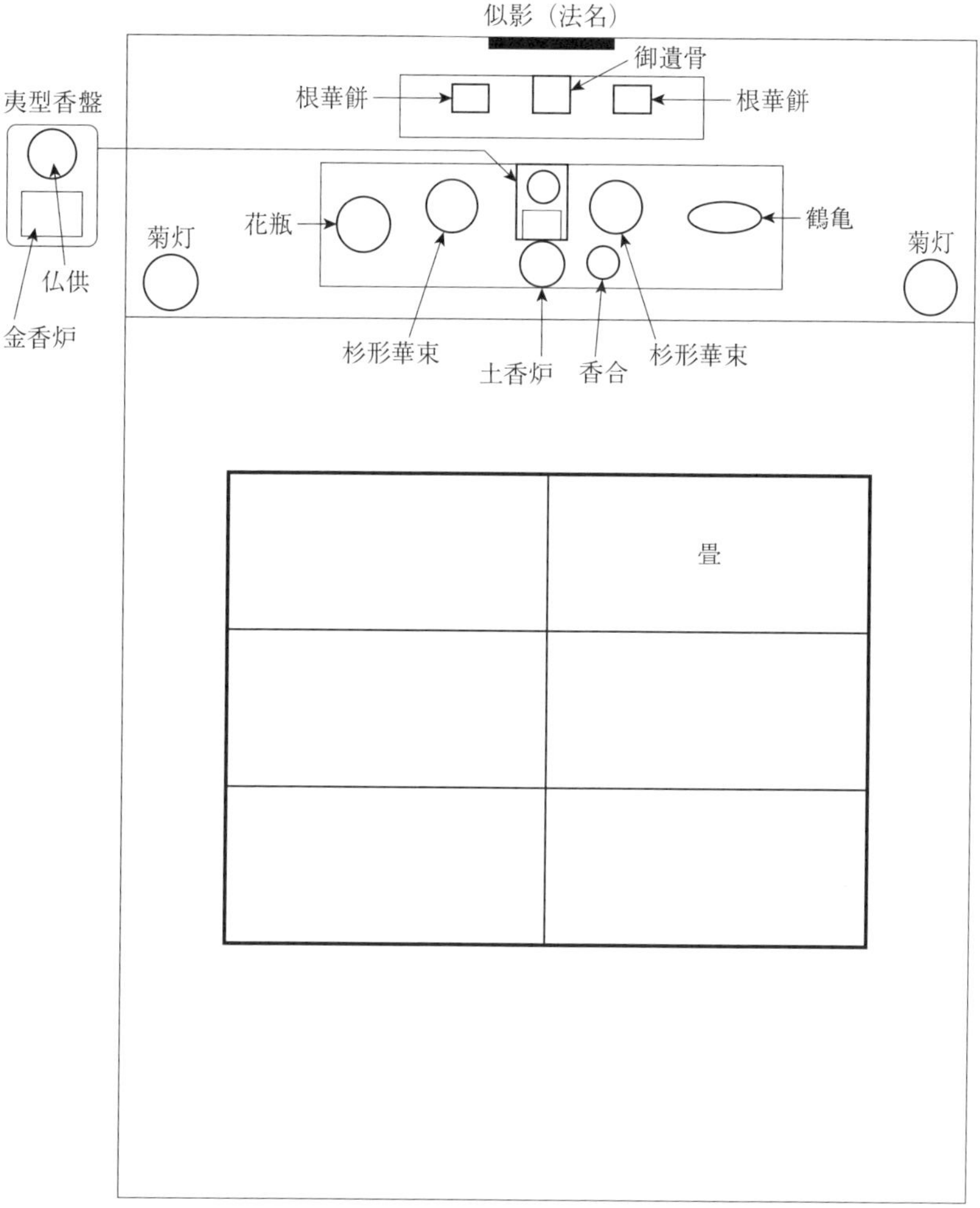

図31　中院壇の荘厳

10、中　陰

中陰壇の平日の勤行次第は次の通り、本堂晨朝、日没過ぎに勤めます。

◎勤行次第

1、平日晨朝……正信偈　舌々

念仏讃　淘二

和　讃　回り口（観経和讃・疑惑和讃は抜く）

回　向　願以此功徳

2、平日日没……正信偈　舌々

短念仏　（偈後念仏）

回　向　願以此功徳

◎装束……晨朝、日没ともに黒衣（直綴）青袈裟（墨袈裟）、白服

2　葬儀における勤行の注意点

①出棺勤行

1、十四行偈（勧衆偈）……一句一句の頭をしっかり当たり、一字一字も当たりつなぎます。

◎調声　道俗時衆等は少し低く発声します。

世尊我一心は少し高く発声します。

2、短念仏　十遍…………百遍念仏に準じると言われ、百遍念仏より軽く勤めます。

ナとダが短く、マとブを長く勤めます。

なお、「十遍」とは「数多くの」という意味で、回数ではありません。

◎最初の調声　初重の考えで発声します。

二回目の調声　二重の考えです。

回向の調声　三重の考えで発声します。

3、回　向…………我説彼尊の「彼」はピビの間でピが勝つと言われます。

なお、葬儀の回向は無淘の扱いで三句目の終わりを下げないとされてきましたが、現在は区別がないようです。

②路念仏

本来は、三淘・五淘・八淘などがありました。現在の『葬儀中陰勤行集』（法藏館）に収められているものが三淘で、『大谷聲明集成』（法藏館）に収められているものが五淘です。

なお、大・中・小は、音の高低と考えます。

息継ぎの場所は次の通りです。（※○……息継ぎ）

1、三　淘

中　○南無阿弥陀仏（オドリ）

大　南無阿弥陀仏（繰入れ扱い）

中　南無阿弥陀仏

※オドリの扱い

上がる。調声では重く、二句目からは軽く

小 南無阿弥陀仏

2、五淘

中 南無阿弥陀仏

大 南無阿弥陀仏

中 南無阿弥陀仏

小 南無阿弥陀仏

3、八　淘

南
（※以降省略）

③葬場勤行

1、正信偈、短念仏、三重念仏、掛和讃、添、回向の場合

短念仏…………経後念仏との違いに留意します。低く発声します。

三重念仏…………五三淘が基本です。三淘、五淘でもよく、導師が指示します。

掛和讃・添……導師がその葬儀にふさわしいものを選択します。

回　向…………淘は念仏と同じです。

2、正信偈、短念仏、掛和讃、添、回向の場合

短念仏…………三重念仏が付かないのですから、少し高く発声します。

掛和讃・添……前記と同じ。

回　向…………五三淘が基本です。

3、正信偈、念仏、和讃三首、回向の場合

念　仏…………五三淘が基本です。三淘、五淘でもよく、導師が指示します。

和　讃…………和讃を選ぶのは導師の責務です。その選び方は和讃のどこから選んでもいいのですが、人名の入っている和讃や、疑惑和讃などは避けるものとされています。

Ⅷ　参考資料

1　勤行の心得

【勤行につき心得のこと】

十二条　　声明譜

一　調声のこと　時と場所に応じての調子を心得、真行草の位を定め、助音の方に知らせます

一　助音のこと　調声人の調子を受け、ゆっくりか早くかを理解し、音色の和を整えるようにします

一　付膚のこと　和やかに付けます　光声を嫌います

一　付膚者より先に声を出し、または声を残すこと

勤行の速さや調子の不和を知らせるための、調声人の行為に限られます

一　息継の間に津を啜ること

すべての音色の道で嫌われることです

一　身体のこと　腰をすえ気を張り、慎んで座ります

一　顔持のこと　頭をすえ仰向かず俯かず、六尺ばかり向うを見るような心持ちにします

一　眼目のこと　目を閉じて眠っているように見えないようにします

一　両手のこと　膝の上に軽く置きます、拍子をとり淘数をとるときは目だたぬようにします

一　欠伸のこと　俯いてひそかにします

一　咳および鼻をかむこと

調声および讃口の間は慎み、俯いてひそかに行います

一　勤行の間心持のこと

恭敬の心を主として　音色節奏に心を留めて勤めます

以上

一　音声遣いに六対あること

柔（やわらか）きは宜　弱きは悪

強きは宜　剛（こわ）きは悪

静なるは宜　漽（したたる）きは悪

緩（ゆるやか）なるは宜　黏（ねば）きは悪

進むは宜　窄（せわし）きは悪

軽きは宜　疎（うとし）なるは悪

（『大谷声明集成　慧日院蔵版』法藏館。著者意訳）

2 門、戸、金障子の開閉など

①門、戸、金障子の開閉

朝、晨朝の前に門などの開閉をする時には、門、本堂の戸、金障子の順番にします。閉める場合には、その逆に金障子、本堂の戸、門の順番にします。

②金障子の開閉

開ける際は①中尊前、②祖師前、③御代前、④太子七高僧前、⑤法名前の順です。閉める場合はその逆です。

以上が基本ですが、金障子の開閉などについては、中尊・祖師前などをなるべく横切らないようにするとも言われますから、金障子を開く際には①中尊前、②祖師前、③法名前、④御代前、⑤太子七高僧前、閉める時はその逆とする順番も考えられます。

③灯明の点け方

点ける際は、中尊の方向に向かって、①中尊前の右、次に左、②祖師前の右・左、③御代前の右・左、④太子七高僧前の右・左、⑤法名前の右・左の順です。また、消す場合はその逆です。

また中尊・祖師前などをなるべく横切らないようにするという考え方から、点ける際は①中尊前の右、次に左、②祖師前の右・左、③法名前の右・左、④御代前の右・左、⑤太子七高僧前の右・左、消す際はその逆とする順番も考えられます。

3 寺院報恩講などの出仕作法

1、出仕の順番

1、助音出仕者

助音首座の人を先頭に、切戸口より出仕します。

2、余間出仕者

後門から出仕します。

原則として切戸口から出仕するのは遅参の場合だけです。この場合も、退出の時は後門から出ます。

遅参の場合は、着席の時に中啓の音をたてません。

3、本間出仕者（上臈出仕）

首座の人は、本間出仕者全員が藺草履を履いたのを確認し、御代前首座の人と目を見合わせ一礼して出仕します。

他の人たちは、首座の人に従って順次出仕します。この場合、首座の人以外は目を見合わせることも、一礼も必要ありません。

2、退出の順番

1、本間出仕者（上臈退出）

回向が終り総礼の後、全員そろって座礼を行います。

首座の人は互いに目を見合わせ起座します。

次の人は前の人が藺草履を履く頃に起座します。この場合、向いの人とタイミングを合わせる必要はありません。

2、余間出仕者

本間出仕者に続いて退出します。退出は、出仕した順に行います。

3、助音出仕者

本来は出仕した順に退出しますが、スペースがない場合は最後尾の人から退出します。

4　磬の作法

1、内陣・外陣の出仕がある場合

①初めの総礼合掌の時

1、調声人に合わせて合掌をし、少ししてから解き、右手（親指、人差指、中指）で撥と磬を同時に持ちます。（調声人より先に合掌をしないように気をつけます）
2、左手を磬台の下にあて、磬台を少し手前に引きます。
3、左手の人差指、中指を磬正面に当てます。
4、撥を手前左回りに取り、磬台の上に置きます。
5、撥を持ち替えます。
6、撥を手前から擦るように磬に当てます。
7、左手を台の上に置きます。
8、調声人が合掌を解くのを見て、磬を打ちます。

②終わりの総礼合掌の時

一、調声人が和讃に手を掛けるのを見て、磬役は撥裁《さば》きをして磬台を元の位置に戻し、合掌します。

一、調声人に和讃裁きなどがない場合は、鏧役は頃合いを見計らって撥裁きをして鏧台を元の位置に戻し、合掌します。

一、調声人は、鏧役が鏧台を元の位置に戻し合掌するのを見て、合掌を解きます。

2、鏧の打ち方の特殊例

鏧の打ち方の特殊な例として、次の三例があげられます。

ダダナの鏧…………百遍念仏（経後念仏ム上げに援用）

チャチャンの鏧……無淘回向

ラコチャンの鏧……二淘回向

5　表白の読み方

1、表白は、本来は巻物とされますが、通常は折本の形式か巻紙ではないかと思われます。

2、持ち方は、経本の持ち方と同じです。

3、初めに拝礼します。表白の下部を持った手の親指が自分の鼻のあたりにくるほどにします。
4、体を起こし、表白の読む部分を開き、磬または鏧を二打し、読み始めます。
5、読み方は、御文よりも重く「二字下げ」ほどにするか、普通に読むかを選びます。
6、読み終わったら磬または鏧を一打し、初めと同じように拝礼します。

6 伽 陀

仏の徳を讃嘆する偈（うた）です。法要の始まりに使用されることも多くありますから、荘重に勤めます。

難しく考えがちですが、例をあげると大経伽陀の「先請弥陀」と観経伽陀の「瓔珞経中」は同じ節符であることなどを発見すると、身近に感じることができます。

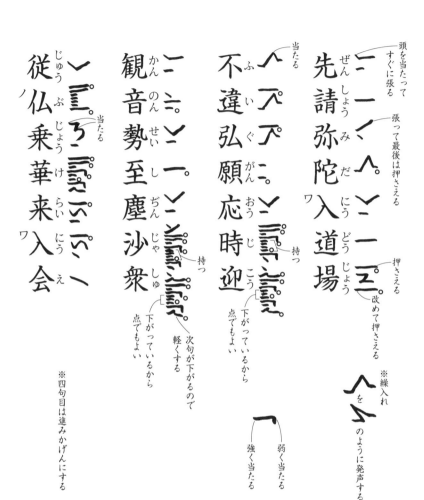

頭を当たってすぐに張る

張って最後は押さえる

押さえる

改めて押さえる

先《ぜん》請《しょう》弥《み》陀《だ》ワ入《にう》道《どう》場《じょう》

当たる

不《ふ》違《い》弘《ぐ》願《がん》応《おう》時《じ》迎《こう》

持つ

下がっているから点でもよい

観《かん》音《のん》勢《せい》至《し》塵《ぢん》沙《じゃ》衆《しゅ》

持つ

次句が下がるので軽くする

下がっているから点でもよい

当たる

従《じゅう》ノ仏《ぶ》乗《じょう》華《け》来《らい》ワ入《にう》会《え》

※繰入れ

を

のように発声する

弱く当たる

強く当たる

※四句目は進みかげんにする

7 百遍念仏

※ダを持たない

○ナー
マー
ダー
ブー

ナー
マー
ダー
ブー

ナー
マー
ダー
ブー（下げる）

○ナー
マー
ダー
ブー

最初の調声より少し上げる

ナー
マー
ダー
ブー

（以後八回は同じ節符）

ナー
マー
ダー
ブー（下げる）

（十回目）

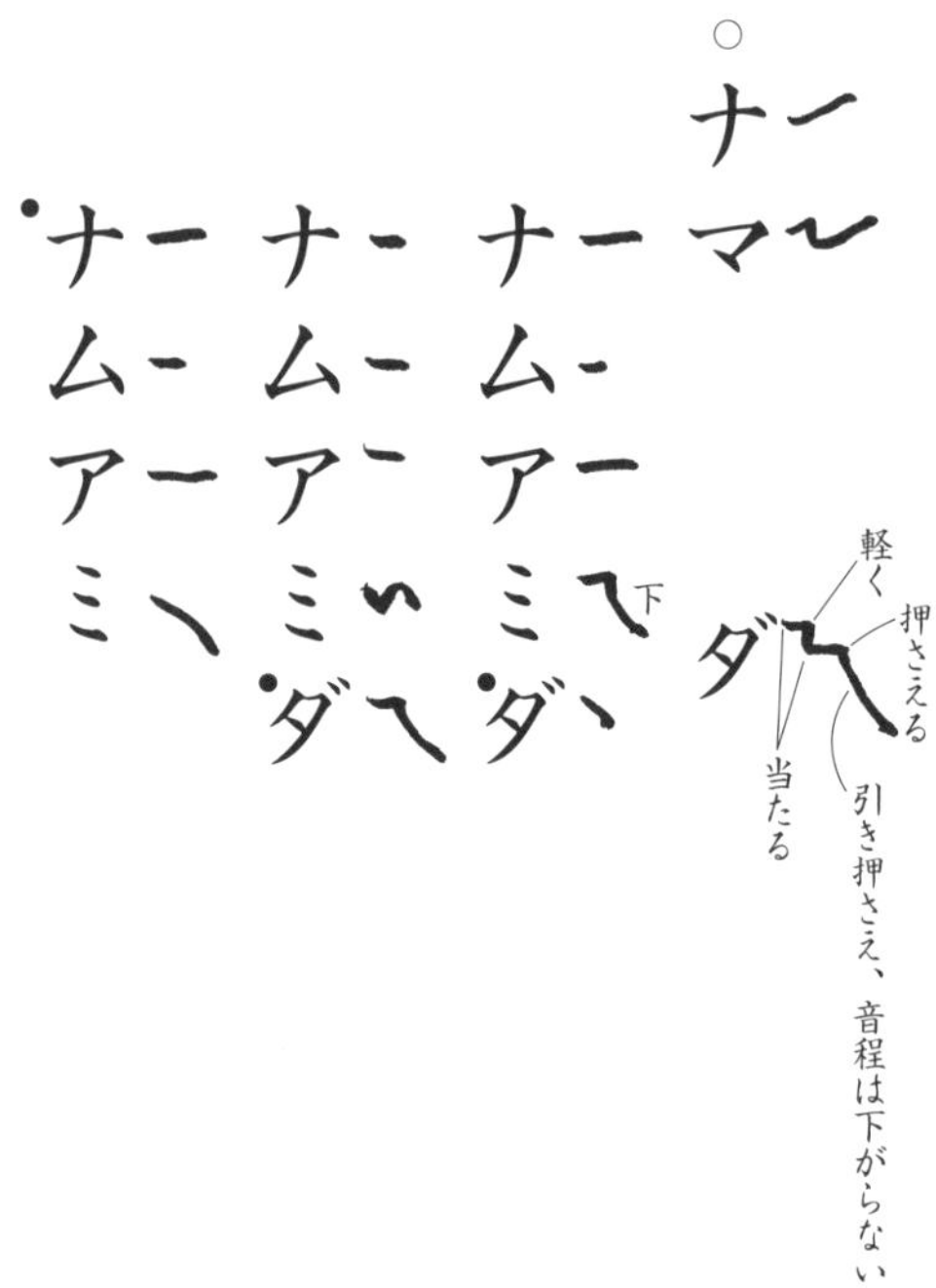
ナーマー
ナームアーミダー
ナームアーミダー
ナームアーミ
下
ダ
軽く
押さえる
当たる
引き押さえ、音程は下がらない

8　繰上げ結讃

結讃については、位上曲は本山、繰上げは別院とされてきました。明治になり「真向きの御影」が普通寺院に下付されるようになり、普通寺院にも別院格として繰上げが許されてきたようです。

近年、位上曲と繰上げの区別がつかなくなり、普通寺院でも位上曲とされているようですが、あくまで繰上げであり、その扱いも華美にならないように注意し、念仏相続の感動を表現するものとなるよう留意する必要があります。

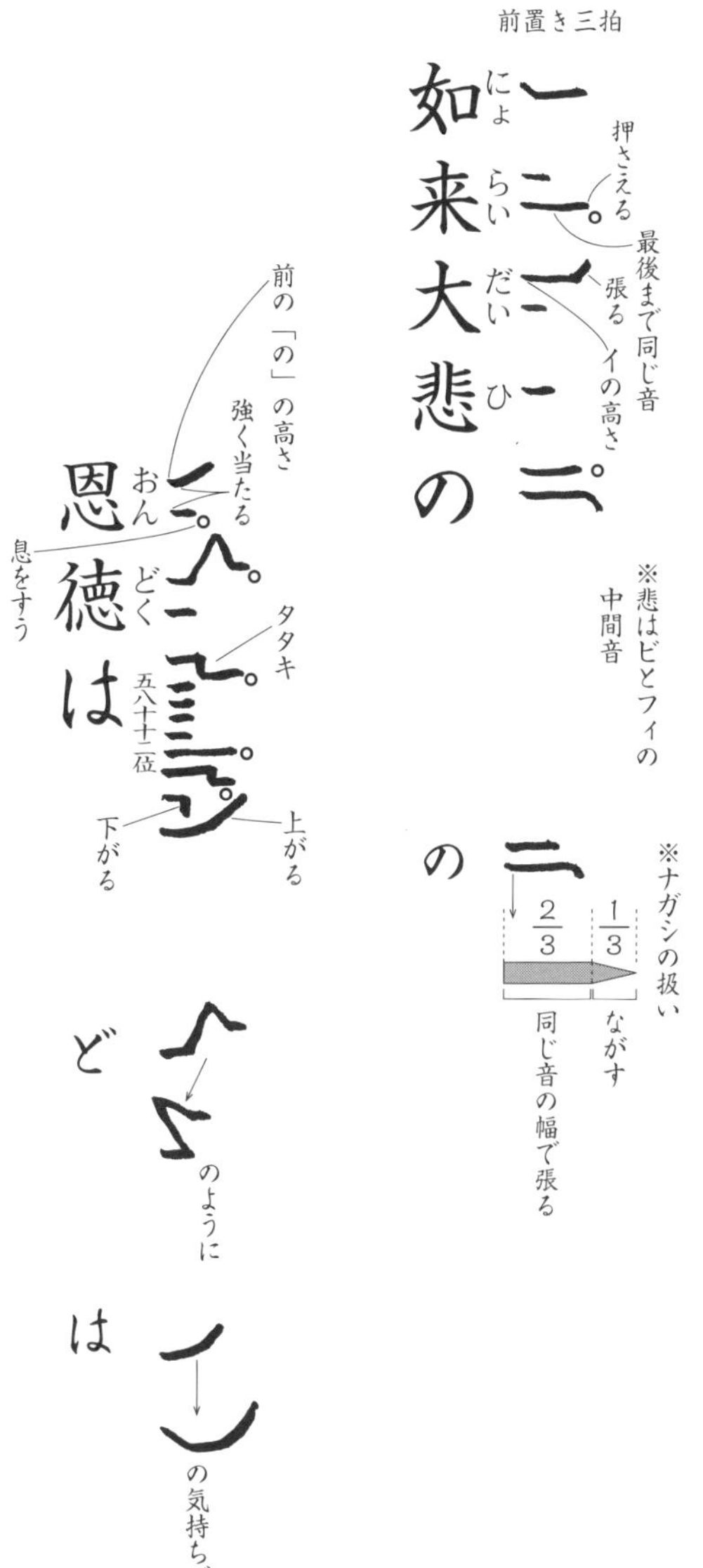

前置き三拍
如《にょ》来《らい》大《だい》悲《ひ》の
押さえる
最後まで同じ音
張る
イの高さ
※悲はビとフィの中間音
の
※ナガシの扱い
2/3
1/3
同じ音の幅で張る
ながす
恩《おん》徳《どく》は
前の「の」の高さ
強く当たる
息をすう
タタキ
五八十二位
上がる
下がる
ど
のように
は
の気持ちで

あとがき

本書には、短い期間でしたが、私が真宗大谷派式務部で定衆として学んだことなどを記しました。あくまで入門書的内容であり、より深く学びたい人は旧五箇寺の方や堂衆の方に学ばれることをお勧めします。

毎朝、お勤めを行い御文を読んでいると、正信偈・念仏和讃の読み方はどういう形が最初だろうかという疑問がわいてきます。蓮如上人が正信偈・念仏和讃を門徒の日常の行儀と定められたと聞きます。その時の読法はどのようなものだったのでしょうか。たとえば真四句目下五淘が最初で、それが軽重で変化したものと考えると興味がわいてきます。また和讃を繰り読みしていると節符も規則性が感じられ、ここの節符はなぜこうなっているのだろうかと考えさせられます。

蓮如上人は「仏法の由来を、障子かきごしに聴聞して」「縁のはし、障子のそとにて、ただ自然と、ききとり法門の分斉をもって」と門徒を戒められています。本書が、藤原暢信先生はじめ諸先生方の御苦労を汚すことをただただ畏れています。
最後に、出版に際しての法藏館編集部の満田みすずさん、大山靖子さんのご苦労に深謝するものです。

二〇二三年七月

大谷制以知

た行——

な行——

は行——

索　引

あ行――

か行――

さ行――

大谷制以知（おおたに　せいいち）
1948年生まれ。
真宗大谷派円光寺住職。
元真宗大谷派式務部定衆。
元真宗大谷派儀式指導研究所研究員。

住職必携
——真宗大谷派儀式作法——
二〇二三年九月二〇日　初版第一刷発行
著　者　大谷制以知
発行者　西村明高
発行所　株式会社　法藏館
京都市下京区正面通烏丸東入
郵便番号　六〇〇-八一五三
電話　〇七五-三四三-〇〇三〇（編集）
〇七五-三四三-五六五六（営業）
装幀者　山崎　登
印刷・製本　中村印刷株式会社

ISBN978-4-8318-8785-6 C3015